第3章　発達段階別　子どもの表現力の変化から

7〜10　造形表現の発達①〜④（p41〜p44）

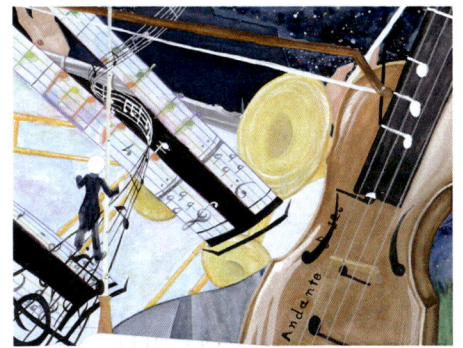

第5章 1．身体感覚をひらくエクササイズから

12　音に触れる（p67）

15　空間を身体で測る（p71）

16　光の色で場所をつくる（p72）

16　光の色で場所をつくる（p72）

第5章2．五感をむすぶエクササイズから

18 音環境を描く（p74）

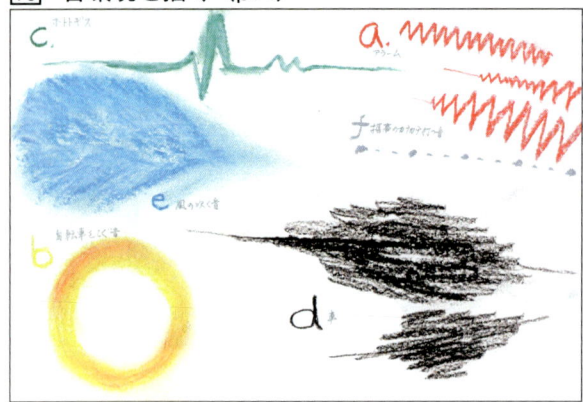

20 音具で曲をつくり、図形楽譜に表す（p79）

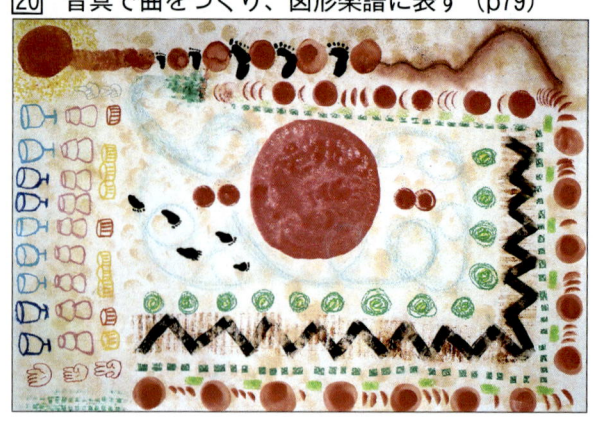

22 オノマトペの動きを感じる（p83）

29 闇を感じる／光を感じる（p101）

第6章　事例でチェック！感性を育む環境づくりから

2 物的環境「遊び・新聞紙破り」（p112）

3 自然環境「草花・栽培植物との出会い」（p115）

感性をひらいて
保育力アップ！

「表現」エクササイズ＆
なるほど基礎知識

山野てるひ・岡林典子・鷹木朗 編著

明治図書

はじめに

　表現することは人間にとって躍々たる命の営みそのものであり，まさにこの今に生きている証ともいえます。長い一生の基礎となる乳幼児期に，様々なものや人や環境に出会う中で，その面白さや不思議さ，美しさに気づき，心揺り動かされたことを自分自身の素朴な表し方で具現化し，それが他者に受け止められ，理解されることの喜びや充足感がその後の人生の生きる自信や力となってゆくのです。

　かけがえのない乳幼児期の育ちに関わる保育者や保育を学ぶ学生は，子どもが日常の生活の中で気づいたり感じたりする感覚や心を耕しながら，表す喜びを体験することで豊かな感性を育んでいけるように手助けをする役割と責任を担っています。

　そのために保育者は，どのような資質や能力を身につけて，どのように子どもの成長に関わっていかなくてはならないのでしょうか。

　本書では，子どもにとって表現するとはどのような意味があるのか，また感覚や感性の育ちとどのように関わっているのかを子どもの発達や教育の歴史から考えるとともに，現在の幼児教育の現場で模索されている表現教育の実践を具体的に紹介しています。そしてそれが，小学校教育にどのようにつながっていくのかも，見通しをもてるようにしました。

　何よりも特徴であると考えているのは，総合的で未分化な子どもの表現を受け止めることのできるような学生自身の感覚や感性をひらいてゆく方法を，従来の音楽教育や造形教育の領域の枠を超えた体験的学びのプログラム（＝エクササイズ）として提案していることです。これまで普通教育の教科の枠組みのなかで勉強してきた皆さんは，はじめは「これが勉強なの？」と戸惑われるかもしれません。そう，本書のプログラムは「勉強」ではありません。一人ひとりの異なる「能動的で意識的な体験」なのです。これらは，今後まだまだ研究され開発されなくてはならない領野ですが，あげているエクササイズを一通り体験するだけでも，自身の生活の中でのものの見え方や聴こえ方，感じ方，ひいては思考の方法が少しずつ変化してきたことに気づかれるでしょう。するとこれまで意味のない悪戯や困った行動としてしか映らなかった子どもの姿から，身の回りの世界に能動的に働きかけて感受し，表している様子を発見することと思います。そこからきっと保育者のあるべき援助の姿も見えてきます。

　さあ，期待と自信をもって自分自身の表現に取り組んでください。

編者一同

もくじ

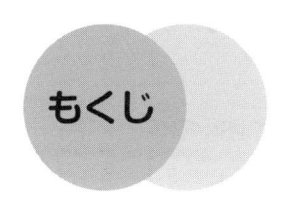

はじめに　2

第1章　「感性」は表現教育の源　7

- コミュニケーションとしての表現 ─────── 8
- 1 表出と表現 ─────────────────── 10
- 2 感覚と感性 ─────────────────── 11
- 3 表現と感性の関わり ────────────── 12

第2章　人物からせまる！「感性」の教育史　13

- 現代の教育課題と感性教育の系譜 ──────── 14
- 1 ルソー　―感覚刺激が子どもを育む― ───── 15
- 2 フレーベル　―感覚の教育から「生の合一」へ― ─ 16
- 3 シュタイナー　―魂と身体の成長をめざす― ── 17
- 4 チゼック　―子どもの新たな発見― ────── 18
- 5 ダルクローズ　―リトミックの考案者― ──── 19
- 6 モンテッソーリ　―自立した子どもを育てる― ─ 20
- 7 コダーイ　―歌うことの本質を子ども達に― ── 21
- 8 オルフ　―エレメンターレ・ムジークの重視― ─ 22
- 9 バウハウス　―精神と身体の全体に呼応した造形をめざして― ─ 23
- 10 シェーファー　―サウンドスケープ理論の提唱者― ─ 24
- 11 レッジョ・エミリアの幼児教育　―子どもの輝く未来を育てる― ─ 25
- 〈資料〉年譜　26
- 〈コラム〉表現を語源から考える　28

第3章　発達段階別　子どもの表現力の変化　29

- 発達とは ─────────────────────── 30
- 〈資　料〉子どもの発達段階表　―「0～2歳」および「2～8歳」―　32
1. 表現のはじまり　―母子のコミュニケーション― ──────── 34
2. 赤ちゃんの音声　―喃語から日本語へ― ─────────── 35
- 〈コラム〉声の衛生，声の環境　36
3. ことばと歌の関係 ────────────────────── 37
4. 「つくりうた」から「わらべうた」へ　―でたらめなのにでたらめでない― ── 38
5. 声と動きのリズミカルな関わり①　―0～2歳頃まで― ──── 39
6. 声と動きのリズミカルな関わり②　―2歳頃から― ────── 40
7. 造形表現の発達①　―子どもの発達段階と描画― ─────── 41
8. 造形表現の発達②　―なぐり描きから目と手の運動へ― ──── 42
9. 造形表現の発達③　―空間の再現― ──────────── 43
10. 造形表現の発達④　―写実の表現へ― ──────────── 44

第4章　領域「表現」の最新情報　45

- 領域「表現」がめざすもの　―3つのねらいから― ─────── 46
1. 幼稚園教育要領 ──────────────────── 48
2. 保育所保育指針 ──────────────────── 49
- 〈資　料〉幼稚園教育要領と保育所保育指針　―領域「表現」対照表―　50
- 〈コラム〉「表現を育む人」になる　―造形の視点から―　52

第5章　「感性」をひらく！とっておきエクササイズ31　53

- 感性をひらいてむすぶ　―本章での実践はどのようなことを意味するのか― ── 54

1．身体感覚をひらくエクササイズ

(1) 自分の身体の存在を知る

1. 呼吸に母音をのせる ──────────────── 56
2. 呼吸を使ったコミュニケーション ─────────── 57
3. 声のいろいろ　―まねっこしてみよう― ────────── 58
4. 声の表現　―ささやき声…，届く声― ─────────── 59
5. ボディ・パーカッション ────────────── 60

(2) 耳を澄ます，目を凝らす
- 6 環境を聴く ―音日記をつけてみよう― ……………………………… 61
- 7 目を閉じて歩く・走る ―見えないものを見てみよう― ……………………………… 62
- 8 ものと出会う ―身の回りのものをあらためて観察してみよう― ……………………………… 63
- 9 距離を見る ―見えなくなるまで，聞こえなくなるまで離れてみよう― ……………………………… 64

(3) 肌で感じる
- 10 手で触れる ―「手触りあそび」で指先の感覚を楽しむ― ……………………………… 65
- 11 触れて，視る ―見えないものを触って視てみよう― ……………………………… 66
- 12 音に触れる ……………………………… 67
- 13 匂いを感じる ……………………………… 68

(4) 場所を感じる
- 14 物を置く，場所と出会う ―物を持って出かけよう― ……………………………… 69
- 15 空間を身体で測る ―自分たちの身体で空間の大きさを確かめよう― ……………………………… 70
- 16 光の色で場所をつくる ―光の色を空間に満たそう― ……………………………… 72
- 17 場所を生み出す ―作業を重ねて場所に働きかけよう― ……………………………… 73

2. 五感をむすぶエクササイズ

- 18 音環境を描く ―キャンパスの音環境を描こう― ……………………………… 74
- 19 リズムや旋律を描く ―楽器の音を描こう― ……………………………… 76
- 20 音具で曲をつくり，図形楽譜に表す ……………………………… 78
- 21 音楽を動きで表す ……………………………… 80
- 22 オノマトペ（擬音語・擬態語）の動きを感じる ―声と身体とリズム― ……………………………… 82
- 23 オノマトペ（擬音語・擬態語）を描く ―声と動きと色彩と― ……………………………… 84
- 24 絵本の中の音，色，形を楽しむ ……………………………… 86
- ●〈コラム〉発音と絵本　88
- ●〈コラム〉「行って帰る」遊びの原型と絵本　89
- 25 絵本で音あそび ……………………………… 90
- 〈資　料〉五感をむすぶ絵本リスト　92
- 26 声の伝達，声の遠近感覚 ……………………………… 94
- 27 声で空間を感じて表現する ……………………………… 96
- 28 動きで空間を感じる ……………………………… 98
- 29 光を集める ―暗箱の中から光を感じよう― ……………………………… 100
- 30 五感を働かせて鑑賞する① ―絵を見て音を感じる，匂いを感じる，質感を感じる― ……………………………… 102
- 31 五感を働かせて鑑賞する② ―音を聴いて色を感じる，形を感じる，空間を感じる― ……………………………… 104
- ●〈コラム〉　方言とわらべうた ―話すことばと歌うことば―　106

第6章　事例でチェック！感性を育む環境づくり　107

- 子どもの感性と表現が育つ環境 ──────── 108
- 1 人的環境 ──────── 110
- 2 物的環境 ──────── 112
- 3 自然環境 ──────── 114
- 4 地域環境 ──────── 116
- 5 人的環境としての保育者の存在 ──────── 118
- 6 地域をコーディネート ──────── 120
- 7 五感を通して感じる保育の展開 ──────── 122
- 8 感性を育む指導計画 ──────── 124
- 9 保育者養成校とのかかわり ──────── 126

第7章　実物公開！「表現教育」の指導計画＆評価　127

- 育ちあう評価 ──────── 128

1．表現教育の目標と評価
- 1 目標と評価の観点 ──────── 129
- 2 感性を育む指導計画と評価 ──────── 130
- 3 評価の方法 ──────── 132

2．円滑な幼小連携のために
- 4 発達の連続性に支えられた表現教育 ──────── 133
- 5 図画工作科・音楽科・国語科における関連的な指導 ──────── 134
- 6 表現教育と学級経営 ──────── 136
- 7 学びの系統性 ──────── 137
- 〈資　料〉保育指導案の書き方と実例　138
- 〈資　料〉参考文献一覧　140

第 1 章
「感性」は表現教育の源

お気に入りのカードをやっと手に入れた喜びを全身で表す（2歳2か月）

子どもにとって人間にとって，表現するとはどのような意味があるのでしょう。また，表現は感覚や感性とどのようにつながり，関わっているのでしょう。

生理的な欲求の表出の段階から，面白さや美しさといった価値に気づき，それを他者に伝えようとする表現への過程で，子どもの中に何が育まれていくのでしょうか。一緒に考えましょう。

コミュニケーションとしての表現

表現とコミュニケーション

ここでは本書の中心課題である「表現」と，それに共通性をもつ概念である「コミュニケーション」について改めて考えてみたい。

「表現」とは，知覚や感情，思考などの心の動き（内的なもの）を表情や身振り，言葉や絵や音など，感覚によって捉えることのできる対象を媒介にして「外に表すこと」であり，同時に表された「感覚対象自体」のことをいう。

ところが「表現」というと，普段私達の関心は主に表された「感覚対象自体」に向けられている。しかし，特に子どもの「表現」を考えるとき，感受され，生成された心の動きが外に表される「システム」（仕組みとしての全体）として捉える必要がある。「表現」とは外界の刺激を感受して処理し，心を動かした内容を感覚対象に変換して外化するまでの「システム」なのである。

表現
外界の刺激 ⇒ 感覚 ⇒ 知覚（処理）⇒ 心を動かした内容（処理）⇒ 感覚対象

そのように理解すると，表現された「感覚対象」だけではなく，環境としての刺激やそれを感知する感覚や処理を行う働きにも意識を向けなければならないことがわかる。本書のもう一つの中心課題である「感性」とは，この知覚し心の動きを生成し，その内容を感覚対象に変換する創造的な一連の処理の方法と考えることができる。

一方，「コミュニケーション」とは，一般にパーソナル・コミュニケーション（送り手が個人で，受け手と二方通行とフィードバックが可能な相互関係にある）のことを指し，送り手が知覚，感情，思考などの内的経験（情報）を表情，身振り，言語や音や画像などの記号を媒介にして受け手に伝える「過程」として説明される。そして，以前はどちらかといえば，送り手が受け手に伝える直線的な「情報伝達」の意味に力点があり，「正確に伝えること」に価値がおかれていたように思う。しかし現在では「応答性」や「交流性」こそが重要であると考えられてきている。

つまり，意志や感情や思考を「正確に」相手に伝達して共有し，「一致を図る」ことが「コミュニケーション」ではない。一人ひとり生育や立場の異なる人間が完全に一致することなどないという前提に立ったうえで，やり取りのうちに相手を理解し，自分の意志や感情を「調整しながら相互に歩み寄ろうとする」ことが「コミュニケーション」なのである。

そこには，一方向性の伝達の「過程」としてよりも，送り手が情報内容をつくり，受け手の反応を見ながら伝達し，受け手が受け，解釈して調整した情報内容をつくり，今度は送り手となってまた受け手の反応を見ながら伝達する，という「循環する回路」がイメージされている。

このように「表現」と「コミュニケーション」は，両者とも内的なものを外的なものへと変換する人間の基本的で重要な創造的精神活動であることにおいて重なっている。しかし，コミュニケーションが「受け手」という

他者の存在を前提としているのに対して、「表現」は必ずしも他者を前提とはしておらず、表現すること自体を目的とする、自己目的化した「表現」も含んだものであることに大きな相違がある。したがって「コミュニケーション」は「表現」の働きであり、その主要な部分であるということができる。

教育課題としてのコミュニケーション力

小・中・高校の児童生徒の不登校やひきこもり、いじめ、暴力行為などが問題となって久しい。平成21年度の文部科学省の初等中等教育局児童生徒課の調査によれば、小・中学校（国公私立小・中学校）では、不登校児童生徒数は近年ほぼ横ばいしているものの、約12万人に及んでいる。不登校になった主な要因として、「いじめを除く友人関係をめぐる問題」（17.7％）と「いじめ」（2.5％）を合わせると約20％となり、友人関係が大きな割合を占めている。また限られた気の合う集団の中でのみコミュニケーションをとる傾向にあり、コミュニケーションをとっているように見えて、一方的に自分の思いを伝えているに過ぎないという指摘もある。さらに対面によらないインターネットによる通信が子ども達にも浸透し、いじめや誹謗中傷の場となる新たな問題も生じてきている。

そして、学力面からはコミュニケーションの能力と密接に関係すると考えられる思考力、判断力、表現力等についての問題があげられている。例えば、2009年のPISA調査結果から、日本の子ども達は読解力に関して、情報相互の関係性を理解して解釈したり、自らの知識や経験と結びつけたりすることが苦手であることが指摘されている。（※PISA調査：経済協力開発機構が行った「生徒の学習到達度調査 Programme for International Student Assessment」のこと。調査結果は国際比較が可能であり、世界の中での自国の位置づけや学力の変化過程がわかる。）

このような子ども達が直面している状況とともに、文部科学省は21世紀を社会構造のグローバル化が一層進む変化の激しい時代として捉えている。そして、自分とは異なる文化や歴史をもつ人々と、正解のない課題や経験したことのない課題を解決していかなければならない「多文化共生」を生きるための「コミュニケーション能力の育成」を、将来を展望する教育の課題として据えている。

その具体的な方法として芸術家等と国語、社会、体育、音楽などの教科や、総合的な学習の時間、特別活動などの授業に芸術表現体験活動を結びつけたワークショップ型の授業が提案され、実施されているのである。

コミュニケーションとしての表現

これまで見てきたことからわかるのは、保育や教育において、私達が子どもの中に育ってほしいと願う「表現」する力とは、自分の思いや願いを具体的に効果的に実現するための能力ばかりでなく、身近な人と体験を共有し共感し合うことのできる、コミュニケーションとして機能する表現力である。それはまず、身近なものや人（保育者や友達）、自然環境や地域環境との温かく継続的で応答的な関わりによって育まれることは言うまでもない。

何より保育者自身に、保育計画から評価に至る保育全般に欠かせない能力として、コミュニケーションとしての表現力が求められているのである。

（山野　てるひ）

1 表出と表現

「表出」と「表現」の違い

　人間が心の中に生起する感情は，表情や音声，身振りになっておのずと外に現れ出ようとする。乳児が，お腹がすいたりオムツが濡れたりして起こる不快な状況を解決するために泣く行為は「表出」だろうか。それとも「表現」だろうか。また一見，意味があるようには見て取れない2歳頃の「なぐり描き」は「表出」だろうか。それとも「表現」だろうか。「表出」と言う人も「表現」と捉える人もいるのではないだろうか。

　ところが，5歳児が動物園に遠足に行って「こんなに強そうだったよ！」と画用紙いっぱいに描いたワニの絵を「表出」と考える人は少ないように思う。また，大人には思いもつかないようなプロポーションや色彩で描かれたワニの姿を見て，「子どもは芸術家だ」と評する人もいる。では，すばらしい子どもの絵は「芸術作品」なのだろうか。

　子どもの「表現」について考えるとき，このように日常の中では「表出」と「表現」の言葉の違いや「芸術表現」との違いは，多分に恣意的に用いられている。また，哲学的にも「表出」と「表現」は同義に用いられることが多いようである。

　ここでは，ある刺激に対する情動や情緒が，観察可能な音声や表情，および身体的な運動変化になって無意識に示されることを「表出」とし，感情や心情，思考などを意識的，自覚的に観察可能な方法を用いて表すことを「表現」として考えることにしたい。

子どもを理解するための「表出」と「表現」

　子どもの「表現」の援助というと，私達はすぐに音楽的なリズムあそびや演奏，造形活動やその作品，身体的な表現活動など，文字通りの創作活動的な「表現」に意識が向けられがちである。しかし，そうではなく目の前の一人ひとりの子どもが今，何に興味をもち，どのように感じ，何を実現していこうとしているのかを，その子自身も明らかには意識していないまなざしやつぶやき（表出）などから読み取っていく必要がある。また，「表現」として意識された表しについても，その子がはっきりと自覚できるような働きかけの援助が重要なのである。

　幼稚園で5歳児の一斉保育を参観していた時のことである。クラスでは，色画用紙を思い思いに切り抜いてクリスマスカードの飾りを作り，仕上がると先生に手伝ってもらいながら全員が大きな模造紙に貼っていた。一人の男児が雪だるまの飾りを切り抜いた後の画用紙の形に惹かれ，普通ならゴミとして捨ててしまう端材をしばらく手に取って眺めていたかと思うと，それを雪だるまの横に貼った。自分でもとても気に入ったようで先生に見せに行ったが，他の子どもの対応に追われている先生の傍に黙ってそっと立っただけで，また自分の場所に戻って製作を続けた。先生はすぐに気づいて男児のカードを覗きに行き，「切り抜いた後の形がとても面白いね」と彼の発見を優しく後押しし，自覚を促したのである。

（山野　てるひ）

2 感覚と感性

感覚とは

ある程度の強さと時間を伴った刺激が、目や耳や鼻、皮膚などの感覚器官に加えられたときに生じる経験を感覚（sensation）という。代表的な感覚には、いわゆる五感と呼ばれる視覚、聴覚、嗅覚、味覚、触覚があるが、この他にも、皮膚感覚（圧覚、温覚、冷覚、痛覚）や運動感覚、平衡感覚、内臓感覚などがある。われわれ人間は外界や内界からの刺激を感覚器官によって知覚し、その感覚を通して環境を認知し、身の回りの世界とつながりをもつのである。

生後1年から1年半くらいまでの子どもは、環境に存在する事物や外界の状況を目で見たり耳で聞いたりするだけではなく、手で触ったり叩いたり、時には舐めたりしゃぶったりなどして確かめる。まさしく、視覚や聴覚、触覚などの五感を通して、また、手足や腕など自分自身の身体感覚を用いて、外なる世界を認知しているのである。J.ピアジェはこの時期を感覚運動期として位置づけている。

感性とは

感性（sensibility）は「外界の刺激に応じて感覚・知覚を生じる感覚器官の感受性。感覚によって呼び起され、それに支配される体験内容。従って、感覚に伴う感情や衝動・欲望をも含む」（『広辞苑第6版』2008）と定義されているが、さらに「ものやことに対し、無自覚的、直感的、情報統合的に下す印象評価判断能力。創造や表現などの心的活動にも関わる」（三浦2005）といった価値判断を加えた定義や、文化依存的な概念を加えた定義づけ（三浦2010）もなされている。

感覚から感性へのプロセス

感覚器官を通して感受される自己や外界の刺激は、どのような過程を経て感性へとつながるのだろうか。

感覚器官を通して感受された刺激は、知覚（perception）として捉えられる。知覚は単に感覚器で外界の物理刺激を受容するだけでなく、その情報をまとめたり、欠けた部分を補ったりして、意識にのぼってきた結果あるいはその過程である。知覚として捉えられた刺激は、ほぼ同時に認知（cognition）へと移行する。認知とは単なる知覚ではなく、注意や記憶や学習、思考、感情なども含めた知覚、あるいはそれらの影響を受けた知覚の変容を含めた概念である。

認知の結果、喜怒哀楽や快・不快などの感情（emotion）が生じる。感情は感性よりも対象との隔たりが少なく、より主観的で自我の関与度が強く、深い内面から生じていると考えられ、感覚と感性をつなぐものとして位置づけられる。そして、感性は感情をも含んだ知覚現象として捉えることができる。

感覚⇒知覚⇒認知⇒感情⇒感性のプロセスにおいて、経験や学習、文化を含んだ繰り返しがなされることによって、感性は豊かに育まれてゆくのである。表現教育では五感を研ぎ澄ますことに加え、感覚から感性に至るプロセスの十分な理解に立ち、子ども達の豊かな感性を育むことが大切である。

（岡林　典子）

3 表現と感性の関わり

　人として生きていくために，乳幼児期の表現教育においては「豊かな感性」や「表現する力」の育成が目標とされている。ここでは，表現を自分の思いや考えなどを外に表す自己表現力としてばかりでなく，身近な人との体験の共有によって気持ちを通じ合うコミュニケーションとしての表現力についても考える。

豊かな感情体験と感性の育ち

　子ども達は日常生活の中で諸感覚を働かせて，身近な環境にある音や色や匂いなどに気づき，その美しさや不思議さに心を動かしたり，環境に主体的に働きかけて遊び込む中で，面白さや楽しさを感じ，充実感を得ていく。このような体験を繰り返す中で，聴覚が研ぎ澄まされて，以前は捉えられなかったかすかな音に気づくことができたり，バランス感覚がよくなって竹馬に乗れるようになるなどの変化が現れる。

　そこには，できなかったことができるようになった喜びや，遊びの深まりに伴う楽しさなどの感情体験が存在する。感性が育つ背景には，喜怒哀楽を感じる豊かな感情体験が必要である。そのエネルギーが子どもの心を揺さぶり，感性の育ちを導くのである。

表現が感覚と感性を変えていく

　園庭で4歳児数人がフラフープを回していた。それぞれが自分の力量に応じてフープを1本，2本と自由に選んで回している。一人の男児が4本を束ねて見事に回した。両手を広げ，うまくバランスを取って腰を回している。すばらしいと思えた。すると，フープを2本持った男児がすぐ近くで食い入るように4本回しを見つめていた。回し終わると，見ていた男児は早速に張り切って自分の位置を確保し，4本回しの体勢をまねて勢いよく2本のフープを回し始めた。

　この場面で，フープ2本を持った男児は同級生の4本回しを間近に見て，驚きや憧れなどの感情をもったことだろう。感性が揺さぶられたのでる。感性はこのような直接的な体験を通して育つものであり，その結果として表現に結びつく。感動は表現の源であるが，それだけでなく知的な行為を導く基礎ともなり得る。男児は環境から受け取った刺激や情報（同級生がフラフープを同時に4本回す行為）に興味を引かれ，面白さや不思議さや憧れを感じて自分なりの表現を試みるに至った。まさに「表現」が「感性」と関わって生まれた場面である。

　感性が表現を変え，また表現が感覚や感性に影響を与え，ものの見方や感じ方を変えていく循環がある。それは，他者の表現に対する感動が自分の感覚や感性を鋭くさせ，深い観察や思考に導くことになり，またそれによって変容した自分自身の表現が自分の感覚や感性を揺るがしていくからである。

（岡林　典子）

第2章
人物からせまる！「感性」の教育史

レッジョ・エミリア「驚くべき学びの世界」京都　2011　展覧会風景

　現代の日常の生活の中では，コマーシャルのフレーズや様々な商品のブランド名にまで，感覚や感性，五感という言葉が氾濫しています。それは，どのような社会や教育の状況を映し出しているのでしょうか。ここでは，教育の歴史の中で，感覚や感性はどのように捉えられ，考えられてきたのかをみていきます。

現代の教育課題と感性教育の系譜

　子どもの豊かな感性の育ち＝「感性教育」が，我が国の教育課題として俎上に載るようになったのはいつの頃からだろうか。

　それは，戦後復興を終え経済の高度成長を果たし物質的に豊かになった生活と引き換えに，自然破壊や公害が大きな社会問題となっていた1970年代ではないだろうか。教育においては高等教育進学率が急速に高まるのに伴い，落ちこぼれや不登校，校内暴力などの「教育病理」が顕れた時期でもあった。そこには自然から疎外され，知識重視の競争主義に晒されて抑圧される子ども達の姿が見て取れる。1975年に『感性の覚醒』が上梓され，日常経験における五感を統合する共通感覚と感性を問い直し，社会関係，人間関係を豊かな感性的存在相互の関係として捉えようとしたことは象徴的である。

　このような社会状況を背景として，1977年（昭和52年）の学習指導要領は「教育の人間化」を目指し，「ゆとりと充実」を掲げて改訂された。それは1989年の指導要領にも引き継がれ，「感性の育成」は教育の中心的課題の一つとなったのである。子どもの生活や教育に警鐘を鳴らす『子どもの感性があぶない』（寺内1989）や『子どもの感性を育む』（片岡1990）などの著書が相次いで出版され，耳目を集めたのもこの頃である。

　その後，「ゆとり教育」は学力低下を招いたとして批判され，2008年（平成20年）改訂では教育内容や授業時数の増加がなされたが，「生きる力」の基本理念のもとに，「豊かな感性の育成」という課題は，幼稚園から高等学校教育まで，現代の教育課題に一貫された。

　しかし，人類の歴史から見るならば，この「感性教育」の淵源は古くアリストテレスにまで遡るとされ，直接的には認識や知識の源泉を，外界に向かう体験である感覚と内面に向かう体験である思考とする近世の経験主義哲学に求められる。J.ロックはデカルトの生得観念を否定して，認識は生後の経験に基づくものであるタブラ・ラサ（白紙）を説いた。それは，自由で平等な社会を実現する人間の育成の原理を著したJ-J.ルソーの『エミール』の「感覚教育」に大きな影響を及ぼし，J.H.ペスタロッチ，F.フレーベル，M.モンテッソーリへと受け継がれてゆくのである。

　第2章では，いわゆる「感覚教育」と呼ばれる潮流を「感性教育」の系譜として捉えることにする。フレーベルの「恩物」もモンテッソーリの「感覚教具」も個々の感覚を訓練すること自体が目的なのではない。それらは個々の感覚を統合する感性を培い，より高次の認識を導いて，新しい価値を創出する人間を教育することにあり，ここに紹介するR.シュタイナー，E.J.ダルクローズ，F.チゼック，バウハウス（J.イッテン），Z.コダーイ，C.オルフ，R.M.シェーファー，レッジョ・エミリア（R.マラグッツィ）らの教育の中にその水脈を見出すことができる。

　そして，この流れは19世紀から20世紀の科学主義，合理主義，資本主義を表裏から照らし出すとともに，民主主義，児童中心主義の時代精神なのである。

（山野　てるひ）

1 ルソー ―感覚刺激が子どもを育む―

ジャン＝ジャック・ルソー
Jean-Jaques Rousseau

1712-1778
フランスの思想家

思想家・ルソー

　感性をひらく表現教育を考える上で，フランスの思想家であるルソーが唱えた感覚教育は重要な示唆を与えるものである。ルソーはスイス・ジュネーブに生まれて，その後は革命以前のフランスに移っている。パリに出た当初は，音楽分野の創作活動に力を入れ，歌劇「村の占い師」は彼の代表作となった。このような経歴が彼の芸術観，あるいは子どもの感性や感覚に対する主張に影響したと考えられる。その後，1762年に発表した『社会契約論』は，当時の政治や社会のあり方に一石を投じるものとなった。

『エミール』で主張された感覚教育

　ルソーは同じく1762年，教育書『エミール』を出版した。同書の「序」には次のような一節がある。

　「人は子どもというものを知らない。子どもについてまちがった観念をもっているので，議論を進めれば進めるほど迷路にはいりこむ。このうえなく賢明な人々でさえ，大人が知らなければならないことに熱中して，子どもにはなにが学べるかを考えない」（今野1994）

　このようにルソーは，『エミール』においてそれまでの「子どもは小さな大人である」という考え方を批判し，今日につながる近代的な子ども観の基礎を構築している。その革新的な教育思想は，後の教育者であるペスタロッチ（Johann Heinrich Pestalozzi; 1746-1827），フレーベル（Friedrich Wilhelm August Fröbel; 1782-1852）等にも大きな影響を与えた。一方でルソーは『エミール』第1編において，感覚教育の必要性について次のように述べている。

　「子どもはすべてのものにふれ，すべてのものを手にとろうとする。（中略）そういうふうにして子どもは物体の熱さ，冷たさ，固さ，柔らかさ，重さ，軽さを感じることを学び，それらの大きさ，形，そしてあらゆる感覚的な性質を判断することを学ぶのだ」（今野1994）

　ルソーによって約250年前に指摘された，幼児期に感覚を磨くことの重要性は，現代にも通じる点が多い。ヒトは五感を十分に働かせることによって，その感覚を高めることが必要であり，適度な感覚刺激によって健やかな発達が可能となるのではないだろうか。このような意味からもルソーが説く「きわめて必要な学習法」は，幼児の身体的発達・知的発達に対して極めて重要である。

　「触れることができない仮想現実」に囲まれた生活環境をもつ現代の幼児にとっては，ルソーの時代と比較して五感を働かせる機会が減っているといえよう。幼児教育の中で適切な感覚刺激を得られるような身体的活動を取り入れ，表現活動へとつなげていくように心がけていきたい。

（竹内　晋平）

2 フレーベル ―感覚の教育から「生の合一」へ―

フリードリッヒ.W.A.フレーベル
Friedrich Wilhelm August Frobel
1782-1852
ドイツの教育家

　フレーベルは1840年に世界で最初の「幼稚園」（Kinder Garten）を創設した人物として，また**恩物（Gabe）** の考案者として広く知られている。その思想は後の世界の幼児教育に多大な影響を与えた。

　23歳の頃，フランクフルトのペスタロッチ主義の模範学校の教師となり，教育者としての道を歩み始める。当時，ペスタロッチ（J.H.Pestalozzi）がルソーの幼児教育思想を批判的に継承しヨーロッパで名声を博していたが，直感を人間の認識活動の基礎に置き，自己活動を通して明確な概念が獲得されるという彼の教育原理に大きな影響を受けた。

　その後，ベルリン大学で鉱物学の研究をしていた時期に，感覚形成の重要さを自覚する。1816年に「一般ドイツ教育舎」という学校を創設したのを皮切りに70歳で没するまで，財政的，政治的苦難の中で，一生を教育活動と幼稚園教育思想の普及に捧げた。

フレーベルの教育観と原理

　フレーベルの教育思想の核をなすものは「内なるもの（神性，精神）を外なるもの（自然）に，外なるものを内なるものすること，およびこの両者の統一を見出すこと」という**生の合一**である。主著『人間の教育』の中で彼は，人間の本質は神性（創造性）であり，教育はこれを自由と自己決定のもとに育て展開することだとした。ここから自己活動と労作の原理が導かれる。

(1) **自己活動の原理**：本来的な子どもの活動は神性の表れとなる創造的な自己表現である。
(2) **労作の原理**：人間の使命は自らの神性を労働活動により具現化し自覚することである。

　その教育課題は教育理論の発展とともに，連続的発達観に基づき，より初期の発達段階，幼児の教育へと移っていった。

『母の歌と愛撫の歌』にみる感覚の教育

　1844年に出版された母親と保育者のための書である『母の歌と愛撫の歌』を，フレーベルは「私はこの書の中に私の教育法の最も重要なものを示した」と記している。それは，副題「身体と四肢と感覚の遊戯のための歌」からもわかるように，幼児の感覚の育成を目的として書かれたものであった。例えば，「味の歌」で彼は母親に語りかける。「自然は子どもに話しかけます。感覚をとおしてはっきりと。お母さん，感覚をとおして子どもに自然を知らせなさい。感覚から心の門は開きます。しかし心を引き出して光に当てるのは精神です。感覚のうちに幼子の魂はひらいています。感覚を育てなさい。そうすればあなたの幼子が，いつかは多くの苦しみや悩みを避けることができ，それに明るさと意欲と喜びをさえ望むことでしょう」と。（小原1981）

　彼の感覚教育は単に特定の感覚を訓練するためのものではなく，自己活動に支えられて自然と自己を認識し，活動し，創造することのできる調和的な人間を育成することにある。

（山野　てるひ）

3 シュタイナー ―魂と身体の成長をめざす―

ルドルフ・シュタイナー
Rudolf Steiner

1861-1925
ドイツ人の思想家・人智学の創始者

シュタイナーは1883～1897年にかけて，ゲーテの有機体思想や新しい総合文化の必要性を説き，基礎となるべき人間観や宇宙観を多くの論文に残している。宗教，芸術，教育，医療，農法などの分野に特に影響を強く及ぼした。新しい運動芸術であるオイリュトミーや自由ヴァルドルフ学校などが有名である。

シュタイナー教育の特徴

シュタイナー教育は，「子どもが自分で自分を捉え，一番深い内部の要求から自覚的に行動すること」を自由と考え，「自由の教育」を行う。また，人間は物質体（我々の身体），生命体（身体を動かす力，成長を司る力），感情体（感情），自我（自分という意識をもつこと）という４つの構成体で形づくられており，それぞれ最初は保護膜で包まれているが，ある時期が来るとそれらが生まれるとされている。

生まれてから成人するまでを21年間として７年ごとの画期で捉え，世界から善・美・真を段階的に理解し，自己と世界を統合する。０～７歳までは「第一７年期」と呼び，身体の機能を健全に働くように促すことが課題であり，将来の行動力につながる。次の８～14歳までを「第二７年期」と呼び，いろいろな芸術体験を与え，将来豊かな感情をもつことを目指す。15～21歳までを「第三７年期」と呼び，ここで初めて抽象概念や思考力によって包括的な認識をもてるようになることを課題としている。

教育方法の特徴

シュタイナー教育では，規則正しい生活リズムを大切にし，静かで安心できる環境で心を育てることを重視しているが，特に特徴的であるのは以下の３つの教育方法である。

(1) **フォルメン**：様々な線を，色を使って描くことにより感覚を活性化させ，連続性，リズム，調和という"宇宙のあり方"と結びつけるのが目的である。その動きと呼吸のリズムはすべて芸術活動の基盤と言われ，芸術性を発掘する有効な手段でもある。

(2) **水彩画**：にじみ絵と層技法との２種類がある。色彩の本質は地球進化の過程の中で，輝きとして宇宙から地球を照らすところから始まった。色彩を流動状から固体状に移すにじみ絵は，色彩自体が体験した定着化の事実が再体験できる。色彩と対話し，色彩の生命を表現することを目的としている。

(3) **オイリュトミー**：「きこえるけれども目に見えない言葉と音楽」を「目に見える言葉と音楽」にする運動芸術と呼ばれる。また，目に見える形だけを表現するだけでなく，母音を身体で表現するなど，音のもつ内容を身体で表現するものである。

これらの一連の体験は全身を通して自分を感じ，理解し，自律的に生きることのできる人格育成をめざすものであった。

（ガハプカ　奈美）

4 チゼック ―子どもの新たな発見―

フランツ・チゼック
Fanz Cizek

1865-1946
美術家・美術教育家

子どもの表現世界は独自の美術

　チゼックは，オーストリアのボヘミア地方に生まれ，美術家であり，美術教育の創始者といわれている。ウィーンの美術学校時代に大工の家に下宿していた時，子どもが描く共通した表現に興味を抱き，1897年には7歳から15歳までの子ども達を中心とした児童美術教育の実験を始めた。1903～1938年には国立美術工芸学校にて児童美術教室の実践を行いながら，子どもの自由な表現（落書き）に大人とは異なった独自の表現方法，つまり子どもの表現を独自の美術として見出し，これを正しく伸ばし保護することに努めた。

チゼックの教育方法

　チゼックの教育方法は，徹底した自由画教育であり，題材の選択や表現の方法も，すべて子どもの本性に基づいたものであった。

　その背景には，子ども独自の認識の仕方や子ども本来の創造力が子ども中心の表現教育でこそ育まれるという確信がある。つまり創造力が発揮されることによって子どもは主体的・積極的に世界に働きかけ，その応答的関係性の中から自己を形成するプロセスを信じたのである。そのためモデル写生や臨画（手本を写させること），遠近法などの指導は実物の形に捉われるという理由により，行われることはなかった。しかし，チゼックは子どもに好きな絵を好きなように描かせるだけの放任ではなく，子ども達に常に「刺激」を与え，そこから興味をもって制作するように努めた。その「刺激」により，新しい想像的思考をいっそう励ますことを通じて，子どもの個性の伸長を大切にしようという思いがあった。チゼックの方法の原理は，大きく分けて次の3つである。

(1)**自由の原理**：子どもの抑圧を取り除き，自由な環境を保障する。

(2)**合自然の原理**：子どもの本性に即し，一人ひとりへの対応を考慮する。

(3)**自己活動の原理**：子どもの自主的な表現活動を促し，その過程において自己教育を体験する。（石崎1992）

新しい力の覚醒

　第一次大戦後の「装飾形態学」におけるチゼックの教育では，表現主義・立体派・キネティズムといった美術表現の要素が現れ，新しい感覚（感覚の覚醒）・新しい思考（頭脳の覚醒）・新しい視点（視覚の覚醒）などが取り入れられた。これは，悲しみ・怒りなどの「感情」や視覚・嗅覚・聴覚・触覚などの「感覚」を視覚化し，さらには「空間」の追求，「動き」やリズミカルな流出（動きの印象の蓄積）などによって，子どもの表出的な表現のプロセスを応用美術の基礎に位置づけようとした。

（矢野　真）

5 ダルクローズ —リトミックの考案者—

エミール・J・ダルクローズ
Émile Jaques-Dalcroze

1865-1950
作曲家・音楽教育家

　初めてリトミックが我国に伝えられたのは，今から約100年前のことである。現在では一般化し，幼稚園や保育所でも実践されるようになった。このように，リトミックそのものは非常に有名になったが，恣意的な解釈も生まれ，創始者のねらいとは違う形で指導されていることもある。そこで，改めてリトミックが生まれた目的を知り，幼児教育の中でどのように生かしていくべきか考えてみよう。

リトミックが生まれた背景

　リトミックが考案された20世紀初頭，西欧諸国の学校では，知識中心の教育が行われていた。そんな中，ジュネーブ音楽院で和声学理論とソルフェージュを教えていたダルクローズは，音楽を学ぶ学生たちが，楽器の演奏技術や楽典的な知識はもっていても，音楽を全身で感じたり表現したりする技術が非常に未熟であることを痛感した。

　そして，音楽を真の意味で感得する方法を探っているうちに，拍子やリズムの変化，ニュアンスに関する感覚は聴覚のみではなく，全身で感じるものだということに気づいた。彼は「リズムが音楽のもっとも重要な要素であり，音楽におけるリズムの源泉はすべて，人間の体の自然なリズムに求めることができる」と，リズム学習の大切さを指摘し，音楽と身体運動を結びつけた教育法を考案したのである。

リトミックとは何か

　リトミック〈rythmique〉という言葉は，フランス語で「リズム」を表すが，英語ではユーリズミクス〈eurhythmics〉と呼ばれ，「よいリズム」という意味である。この〈eurhythmics〉は，律動的調和を意味する古代ギリシャ語ユーリズミア〈eurhythmia〉に由来している。

　リトミックは，リズム運動，ソルフェージュ，即興演奏の３つの組織から構成されており，基本になるリズム運動では，歩行や駆け足などの自然運動を通じて動きに含まれるリズムと音楽のニュアンスを統合させ，音を感知したり，表現したりする能力を発達させる。

リトミックが目指すもの

　ダルクローズは，「身体は第一の楽器」であると表現している。そして，「肉体そのものが音楽と思想の橋渡しをし，感情を直接表現する楽器となる」ような教育を目指したのである。単に耳で聞くだけではなく全身で感じ取るようにすること，そして何よりも子ども自身が「表現したい」という欲求が原点にあることを重視したリトミックの考え方は，私達が子ども達に表現を指導する際，常に念頭におく必要がある。

（平井　恭子）

6 モンテッソーリ ―自立した子どもを育てる―

マリア・モンテッソーリ
Maria Montessori

1870-1952
イタリア最初の女性医学博士

　ローマ大学を卒業後，障害児の治療教育に携わり，実験心理学，教育学にも研究分野を広げた。1904～08年には，ローマ大学の教育人類学で教鞭もとった。当時マリアは，「障害児と取り組みを始めた時から私の教育方法は，障害児に特に限定されてなされるものではない」と感じていた。やがて，マリアはローマ不動産協会が設けた貧困層向けのアパート保育施設の監督と指導を任され，1907年に「子どもの家」が生まれた。この実践から生まれたのが「モンテッソーリ教育法」である。

モンテッソーリ教育の理念

　モンテッソーリ教育の独自の理念には，3つの柱として「子ども」「教師」「環境」が掲げられている。「子ども」と「教師」の関係については，「子どもは自ら成長・発達させる力をもって生まれてくる。大人（親や教師）は，その要求を汲み取り，自由を保障し，子どもの自発的な活動を援助する存在に徹しなければならない」と考えられている。モンテッソーリ教育の目的はそれぞれの発達段階にある子どもを援助し，「自立していて，有能で，責任感と他人への思いやりがあり，生涯学び続ける姿勢をもった人間に育てる」ことである。その目的を達成するために子どもを観察し，そこから得た事実に基づいて教育法を構成し，独特の体系をもつ教具を開発した。教師は手の機能や脳の発達に基づき考案された教具を繰り返し使用することで，子どもに感性の「ひらめき」を生じさせる。また，「環境」については次の4つの項目を整えることとしている。

① 自分で自由に教具が選べる
② やってみたいと思わせる教具を用いる
③ 社会的，知的協調心を促す異年齢混合クラスを編成する
④ 教師は子どもの自己形成を援助する

モンテッソーリ教育の内容

　子どもの内発的なプログラムに基づき，次の5課目を実践科目として設けている。

(1) **日常生活の練習（Practical Life）**：的確な時期に日常生活の練習をすることにより，自立心や独立心が育つ。

(2) **感覚教育（Sensorial）**：感覚を洗練させ，意識的吸収精神を助長して抽象的概念を獲得させ，ものを考える方法を身につける。

(3) **言語教育（Language）**：言語教育は，①喃語，②構成音，③単語という順番で発達させる。

(4) **算数教育（Mathematics）**：生活体験を通して感性的に数量を認識する状態から，論理的に認識して体系的に学ぶ状態へと移行する経路をたどる。

(5) **文化教育（Caltural）**：上記のような基礎の上に立って地理的，文化的条件のもとで，先人が創り引き継いできた知識や生活様式を受け継ぎ，発展させていく。

（ガハプカ　奈美）

7 コダーイ　―歌うことの本質を子ども達に―

ゾルターン・コダーイ
Kodály Zoltán

1882-1967
作曲家
民族音楽学者・音楽教育家

　コダーイは，バルトークとともにハンガリーの民族音楽の研究を行い，その研究成果を『ハンガリー民族音楽』『ハンガリー民族音楽大観』にまとめた。そして，オペラ，管弦楽曲，合唱曲などを書き，自身の音楽作品の中に民謡のモチーフを多く取り入れている。同時に，自国の音楽を研究しながら音楽教育に力を注いだ。子どもの頃から音楽的教養を身につけるべきであるという彼の考え方や方法論は，ハンガリーから全世界に広がった。

コダーイメソッドの特徴

(1)生まれる前から：彼は「音楽教育は生まれる9か月前から始めるのがよい」と述べ，子どもの時からよい音楽に触れ，歌うなどの活動が発達のために欠かせないとしている。

(2)自国の音楽から：コダーイは，自国の音楽を出発点として音楽教育を行うべきであると述べている。遊びを伴う自国のわらべうたは，ことばや身体の発達，音程感やリズム感の発達のために重要であり，それは遊ぶことと一体となって意味があるとしている。

(3)移動ドに基づくソルフェージュ：楽譜の読み書きができることを重視し，相対的な音程関係を大切にする**移動ド唱法**を採用している。多声の音楽へ発展させるべく，移動ドによるソルフェージュが行われている。

コダーイ・システム

　コダーイ・システムとは，コダーイとコダーイの弟子たちが考案した，年少児から芸術音楽に至るまでの系統的なプログラムである。就学前の音楽は，子どもの声域に合う半音の無いペンタトニックのわらべうたを中心としている。また，音名を手で表すハンドサインを用い，音の高低や大小，早い・遅いを聞き分けて，認識を獲得させ，リズム応答ができる能力を養う。

　小学校では**レター・サイン**（階名文字）と**リズム譜**を用いた移動ド唱法によるソルフェージュが実践され，半音は慎重に導入される。

　サイレント・シンギング（声に出さないで心の中で歌う）を重視し，内的な聴覚を育てることも，コダーイ・システムの特徴である。

　また，歌うことを中心に音楽教育を考えており，合唱へと発展させる中で，平均律による楽器であるピアノではなくリコーダーなどが伴奏として用いられるという点も興味深い。

　コダーイの生んだ音楽教育は，日本の音楽教育，特に「歌うこと」に関して多大な影響を与え，わらべうたから歌い始めることの重要性が浸透するに至った。しかし，ハンガリーでは系統的な音楽教育システムが構築され，幼・小の連続性が十分に取られているのに比べ，日本では幼・小の連続性のみならず，音楽教育の系統性が確立されていない。今後，わらべうたからどこに向かってどのような系統的音楽教育を組み立てていくかが，わが国の音楽教育における大きな課題である。

（坂井　康子）

8 オルフ ―エレメンターレ・ムジークの重視―

カール・オルフ
Carl Olff

1895-1982
作曲家・音楽教育家

　オルフは，ドイツの代表的な作曲家であり，音楽教育家である。彼の独自の音楽教育理念や方法は『オルフ・シュールベルク』と呼ばれる教育用作品群の中に集約されている。1962年に来日し，「子どものリズムに生きる」というテーマで講演と演奏，指導を行い，大きな反響を呼んだ。それから約50年，現在では幼児教育，小学校音楽科，教員養成，音楽療法などの様々な分野で彼の理念を生かした実践が試みられている。

エレメンターレ・ムジークとは何か

　オルフの音楽教育の理念は，**エレメンターレ・ムジーク**（基礎的音楽）という言葉に代表される。エレメンタール〈Elementar〉とは，ラテン語のエレメンタリウス〈Elementarius〉（原初的，根源的などの意）に由来している。つまり，「エレメンターレ・ムジーク」とは人類が最も初期の段階で出会い体験する音楽であり，自己表現の原初的形態であるといえる。

　オルフは，この「エレメンターレ・ムジーク」を「音楽だけが単独ではありえないもので，身体の動きやダンス，ことばと結びついたもの」と表現しており，そのような他の感覚と結びつく音楽こそ，子ども達に最もふさわしい音楽であると主張した。

　また，「音楽は聴き手としての立場にだけ留まるものではなく，共に演奏するもの」であるとし，誰もが参加できる音楽づくりを目指した。つまり，子ども達が音楽表現をする際に生起するコミュニケーションを重視したのである。

身体は最も身近な楽器

　身体の動きは音楽の起源と密接に関連して，昔から人間の感情を表現したり，話したり歌ったりする際の最も身近な楽器であった。実際に，オルフ・シュールベルクの中には，手拍子，足拍子，膝打ち，指ならしなどの身体楽器が効果的に用いられ，楽器の出発点として扱われている。そして，身体の動きの延長として，身体のリズムと結びついた楽器（**オルフ楽器**）が開発された。オルフ楽器は素朴でリズム表現にふさわしく，奏法が易しく，音色が美しいなどの特徴がある。

母国語から始める音楽

　オルフは，子ども達の遊び（わらべうたや縄とび，かけっこなど）の中に子ども達の音楽的芽生えがあると考えた。そして遊びの中に自然に内包されている音楽的特質（リズム，メロディー）に着目し，それらを意識的に音楽教育に取り入れた。例えば，オルフ・シュールベルクの中で最初に提示されるメロディーは，**カッコー音程**と呼ばれるソとミの2音だけを使った音程（ヨーロッパの多くのわらべうたに共通）が使用されている。

　オルフは言葉（母国語）とそれに伴う遊びが音楽教育の原点として非常に重要であることを私達に教えている。

　　　　　　　　　　　　　（平井　恭子）

7 コダーイ ―歌うことの本質を子ども達に―

ゾルターン・コダーイ
Kodály Zoltán

1882-1967
作曲家
民族音楽学者・音楽教育家

　コダーイは，バルトークとともにハンガリーの民族音楽の研究を行い，その研究成果を『ハンガリー民族音楽』『ハンガリー民族音楽大観』にまとめた。そして，オペラ，管弦楽曲，合唱曲などを書き，自身の音楽作品の中に民謡のモチーフを多く取り入れている。同時に，自国の音楽を研究しながら音楽教育に力を注いだ。子どもの頃から音楽的教養を身につけるべきであるという彼の考え方や方法論は，ハンガリーから全世界に広がった。

コダーイメソッドの特徴

(1) **生まれる前から**：彼は「音楽教育は生まれる9か月前から始めるのがよい」と述べ，子どもの時からよい音楽に触れ，歌うなどの活動が発達のために欠かせないとしている。

(2) **自国の音楽から**：コダーイは，自国の音楽を出発点として音楽教育を行うべきであると述べている。遊びを伴う自国のわらべうたは，ことばや身体の発達，音程感やリズム感の発達のために重要であり，それは遊ぶことと一体となって意味があるとしている。

(3) **移動ドに基づくソルフェージュ**：楽譜の読み書きができることを重視し，相対的な音程関係を大切にする**移動ド唱法**を採用している。多声の音楽へ発展させるべく，移動ドによるソルフェージュが行われている。

コダーイ・システム

　コダーイ・システムとは，コダーイとコダーイの弟子たちが考案した，年少児から芸術音楽に至るまでの系統的なプログラムである。就学前の音楽は，子どもの声域に合う半音の無いペンタトニックのわらべうたを中心としている。また，音名を手で表すハンドサインを用い，音の高低や大小，早い・遅いを聞き分けて，認識を獲得させ，リズム応答ができる能力を養う。

　小学校では**レター・サイン**（階名文字）と**リズム譜**を用いた移動ド唱法によるソルフェージュが実践され，半音は慎重に導入される。

　サイレント・シンギング（声に出さないで心の中で歌う）を重視し，内的な聴覚を育てることも，コダーイ・システムの特徴である。

　また，歌うことを中心に音楽教育を考えており，合唱へと発展させる中で，平均律による楽器であるピアノではなくリコーダーなどが伴奏として用いられるという点も興味深い。

　コダーイの生んだ音楽教育は，日本の音楽教育，特に「歌うこと」に関して多大な影響を与え，わらべうたから歌い始めることの重要性が浸透するに至った。しかし，ハンガリーでは系統的な音楽教育システムが構築され，幼・小の連続性が十分に取られているのに比べ，日本では幼・小の連続性のみならず，音楽教育の系統性が確立されていない。今後，わらべうたからどこに向かってどのような系統的音楽教育を組み立てていくかが，わが国の音楽教育における大きな課題である。

（坂井　康子）

8 オルフ ―エレメンターレ・ムジークの重視―

カール・オルフ
Carl Olff

1895-1982
作曲家・音楽教育家

オルフは，ドイツの代表的な作曲家であり，音楽教育家である。彼の独自の音楽教育理念や方法は『オルフ・シュールベルク』と呼ばれる教育用作品群の中に集約されている。1962年に来日し，「子どものリズムに生きる」というテーマで講演と演奏，指導を行い，大きな反響を呼んだ。それから約50年，現在では幼児教育，小学校音楽科，教員養成，音楽療法などの様々な分野で彼の理念を生かした実践が試みられている。

エレメンターレ・ムジークとは何か

オルフの音楽教育の理念は，**エレメンターレ・ムジーク**（基礎的音楽）という言葉に代表される。エレメンタール〈Elementar〉とは，ラテン語のエレメンタリウス〈Elementarius〉（原初的，根源的などの意）に由来している。つまり，「エレメンターレ・ムジーク」とは人類が最も初期の段階で出会い体験する音楽であり，自己表現の原初的形態であるといえる。

オルフは，この「エレメンターレ・ムジーク」を「音楽だけが単独ではありえないもので，身体の動きやダンス，ことばと結びついたもの」と表現しており，そのような他の感覚と結びつく音楽こそ，子ども達に最もふさわしい音楽であると主張した。

また，「音楽は聴き手としての立場にだけ留まるものではなく，共に演奏するもの」であるとし，誰もが参加できる音楽づくりを目指した。つまり，子ども達が音楽表現をする際に生起するコミュニケーションを重視したのである。

身体は最も身近な楽器

身体の動きは音楽の起源と密接に関連して，昔から人間の感情を表現したり，話したり歌ったりする際の最も身近な楽器であった。実際に，オルフ・シュールベルクの中には，手拍子，足拍子，膝打ち，指ならしなどの身体楽器が効果的に用いられ，楽器の出発点として扱われている。そして，身体の動きの延長として，身体のリズムと結びついた楽器（**オルフ楽器**）が開発された。オルフ楽器は素朴でリズム表現にふさわしく，奏法が易しく，音色が美しいなどの特徴がある。

母国語から始める音楽

オルフは，子ども達の遊び（わらべうたや縄とび，かけっこなど）の中に子ども達の音楽的芽生えがあると考えた。そして遊びの中に自然に内包されている音楽的特質（リズム，メロディー）に着目し，それらを意識的に音楽教育に取り入れた。例えば，オルフ・シュールベルクの中で最初に提示されるメロディーは，**カッコー音程**と呼ばれるソとミの2音だけを使った音程（ヨーロッパの多くのわらべうたに共通）が使用されている。

オルフは言葉（母国語）とそれに伴う遊びが音楽教育の原点として非常に重要であることを私達に教えている。

（平井　恭子）

9 バウハウス ―精神と身体の全体に呼応した造形をめざして―

バウハウス校舎
(ドイツ・デッサウ)

設計：グロピウス

第一次世界大戦後ドイツに設立された総合造形の専門教育機関がバウハウスである。ナチスの台頭により閉校を余儀なくされるまでの短い期間（1919〜1933年）であったが，現代の造形教育に大きな礎を築くことになる。

バウハウスの思想

創立者のヴァルター・グロピウス（建築家）は優れたデザイナーや職人達を教師に招いた。彼らが目指したのは，急速に工業化された社会の生産形態に合致する機能主義的な造形原理の創造である。バウハウス内の各工房では，素材の特性を生かした合理的な形態をもつ製品が追求される。ここには，新しい時代の人間と社会を真摯に見つめ，よりよい生活環境，美的世界を創造しようとする思想が存在した。

一方で，W.カンディンスキー，P.クレー，O.シュレンマーといった前衛芸術家たちもバウハウスに招請された。彼らは，大戦の狭間の激動と不安の時代に，より根源的で精神性の高い抽象芸術を目指す。言わば音楽のように純粋な形態と色彩が奏でられ，直接人間の精神と身体に届く造形が希求されたのだ。実際，彼らの多くが楽器に親しみ音楽家との交遊をもっていたし，用いられた造形用語には，コンポジション（構成＝作曲法），リズム（律動），ハーモニー（調和＝和声）など，音楽用語との連関や援用が見られたのである。

彼らのまなざしは，バウハウスのデザイン思想を，時に対立を孕みながらも検証し，人間存在の内側から支える役割を果たした。

イッテンの造形教育

これら芸術家の中でも特に重要な影響を与えたのがヨハネス・イッテンである。バウハウス初期において，彼は予備教程（後の基礎教育課程）を担当し，形態論・色彩論を展開した。その後，バウハウスを離れて彼自身の学校（イッテン・シューレ）を創設するが，そこでもこの基礎造形教育を発展させた。

彼の授業は体操や呼吸法・発声法の練習から始められた。これには，精神と身体を柔軟にして感覚を鋭敏にするねらいがあった。それから素描，配色，素材構成等の演習が行われる。各演習は体験することから認識へ至り，表現へと進んでいく。個々人の発見に基づいた主体性が表現に要求されたのである。

この造形理論の根底には人間本来の身体と宇宙の交感から生じる「リズム」がある。形態や色彩の対比を通して空間に運動を発生させ，造形は生命のリズムを獲得するのだ。

バウハウスでイッテンの後を担ったモホリ＝ナギやヨゼフ・アルバース等は，デザイン教育としての具体性を強めながらも基礎造形の意義を引き継いでいく。第二次世界大戦後，彼らの多くが世界各地の教育機関に赴いた。

その良質なデザイン思想と共に，人間の精神と身体と生活の全体，つまり「生」に呼応して表現を探ろうとした教育理念は，今なお大きな意義と問題提起を示し続けている。

（鷹木　朗）

10 シェーファー ―サウンドスケープ理論の提唱者―

レイモンド・マリー・シェーファー
Raymond. Murray. Schafer

1933 –
作曲家・音楽教育家

シェーファーはカナダの作曲家であるが，その活動は作曲のみにとどまらず，グラフィックデザインや評論，実験的な音楽教育の試みなど多岐にわたっている。彼はアメリカの作曲家，ジョン・ケージの「音楽とは音である。コンサートホールの内と外とを問わず，我々を取り巻く音である」という，音楽の素材を「楽音」からそれ以外のあらゆる音に拡大させていく，この言葉に大きな影響を受け，世界で初めて**サウンドスケープ**（soundscape）という概念を明確化し，提唱した。

サウンドスケープとは何か

サウンドスケープとは，視覚的な風景を意味する「ランドスケープ（landscape）」を基にしたシェーファーによる造語であり，「音の風景」を表す言葉である。

(1)「音響体」と「音事象」

シェーファーは音について「音響体（sound object）」と「音事象（sound event）」という2つの概念を表した。音を発生の際の様々な文脈から抜き取り，純粋に音響的な対象として捉えた時，それは「音響体」として位置づけられる。一方「音事象」は，それ自身の音響的性格からくる意味と同時に，その社会的・環境的文脈による意味を担う。

(2) 音風景における「地」と「図」

サウンドスケープの分析には，「基調音（keynote sounds）」「信号音（signals）」「標識音（soundmarks）」という3つの音のカテゴリーが設定されている。「基調音」は，視覚的知覚における「地」に相当し，すべての音の知覚のベースになり，意識的に聴かれる必要はないが決して見逃せない音とされる。また，「信号音」は聴覚的な「図」として意識的に聴かれるすべての音とされる。「標識音」は，「信号音」の中でも特に，特定のサウンドスケープを顕著に特徴づけ，その音響的生活に独自性を与えるものや，共同体の人々によって特に尊重され，注意されるような特質をもった音とされる。特定の音が「地」となるか「図」となるかは，音とそれを聴く人の意識との関係によって決定される。

サウンドスケープ研究が目指すもの

サウンドスケープの研究背景には，これまでの西洋芸術音楽における「楽音＝音楽の音」と「非楽音＝日常生活における環境音」との厳格な区別が，20世紀の様々な試みの中で取り外されてきたことや，1960年代からの北アメリカを中心とした環境や騒音問題への社会的関心や意識の高まりなどがあげられる。

シェーファーはバウハウスの視覚芸術における改革にならい，音楽教育の革新（サウンド・エデュケーション）と音の科学や芸術に関する諸分野が統合したサウンドスケープ・デザインという学際領域の発展を目指している。それは環境をめぐる活動に全身感覚的な感性を取り戻すことへとつながる。

（岡林　典子）

11 レッジョ・エミリアの幼児教育 ―子どもの輝く未来を育てる―

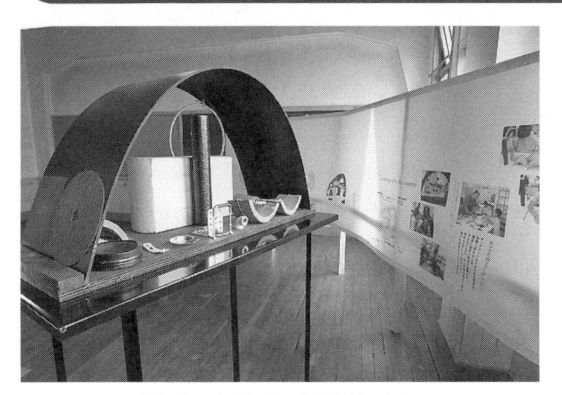

「驚くべき学びの世界展」京都

子どもたちの100の言葉

「子どもは100の言葉をもっているが，そのうち99は奪われてしまっている」

これは，レッジョ・エミリアの幼児教育を提唱したローリス・マラグッツィ（1920-1994）の言葉である。

アメリカの週刊誌『Newsweek 1991年12月号』の「特集－世界のベストエデュケーション」にイタリアのレッジョ・エミリア市にある幼児学校・乳児保育所での新たな試みの実践が紹介され，注目が集まった。日本でも，2001年「子どもたちの100の言葉展」（東京），2011年「驚くべき学びの世界展」（石川・東京・京都・その他を巡回）として展覧会・講演会が開催された。

第二次世界大戦後の財政難の中，保育行政担当官だったマラグッツィの呼びかけにより，幼児期の子どもをもつ親たちが手作業による幼稚園を建設した。そして，1963年にイタリアで最初の公立幼児学校がレッジョ・エミリア市で誕生したのである。以後，公立の幼児学校がイタリア各地に広まっていった。マラグッツィはピアジェ，ヴィゴツキー，デューイ，フレネ，ブルーナーなどに学びながら独自の教育論を展開した。その教育理論は固定したものではなく，保育や子どもの遊び，親達との話し合いなどから保育内容をつくり上げている。

子どもが主人公

Piazza（広場）を取り入れた多様な遊び空間と，遊びや制作のための豊富な素材を通して，子どもの遊びにイメージを引き起こさせる工夫が施され，子どもはその関係性に自ら気づいていく。そこでは，単に技術を学ぶためではなく，新しい言葉や新しい形をつくり出そうとする表現方法が用いられている。

具体的な活動は，プロジェクト型という展開方法である。例えば，テーマを「葉っぱ」と決めて，それについて1週間などの時間をかけて色や形，素材などを，数人で話し合う。保育者は子どもの興味関心をもとに必要なものを用意し，子どもの活動における時の流れに寄り添いながら保育を展開する。そこには，**アトリエリスタ**と**ペダゴジスタ**といった専門家集団も参加し，その専門的なアイディアを保育者が実践する。アトリエリスタは活動を文字や絵，ビデオを通じて記録（**ドキュメンテーション**）し，それをもとに保育者らと話し合いながら，次の活動の展開を支える。

こうした活動は，子どもに教授するといった伝統的な枠組みを見直し，保育者は自分の仕事の意味を考え，親たちは子どもの活動を理解し，そして子ども自身も自分の活動を自覚するといった，子どもが主人公である保育を提唱している。

（矢野　真）

〈資料〉 年譜

1710 1720 1730 1740 1750 1760 1770 1780 1790 1800 1810 1820 1830 1840 1850 1860

ルソー（1712-1778）

フレーベル（1782-1852）

- J・ロック『人間悟性論』(1690)『教育に関する所見』(1693)
- ゲーテ生誕 (1749)
- バウムガルテン『美学』を発表 (1750)
- コンディヤック『感覚論』刊行 (1754)
- ルソー『エミール』刊行 (1762)
- イギリスで産業革命が進む (1765年頃)
- アメリカ独立戦争 (1775-1785)
- カント『純粋理性批判』刊行 (1781)
- フランス革命、「人権宣言」採択される (1789-1797)
- ペスタロッチ『ゲルトルート児童教育法』(1801) 刊行
- ナポレオン皇帝即位 (1804)
- フレーベル『人間の教育』刊行 (1826) 恩物の考案と製作 (1837)
- 「一般ドイツ幼稚園」開設 (1840)『母の歌と愛撫の歌』出版 (1844)
- 第一回ロンドン万国博覧会 (1851)

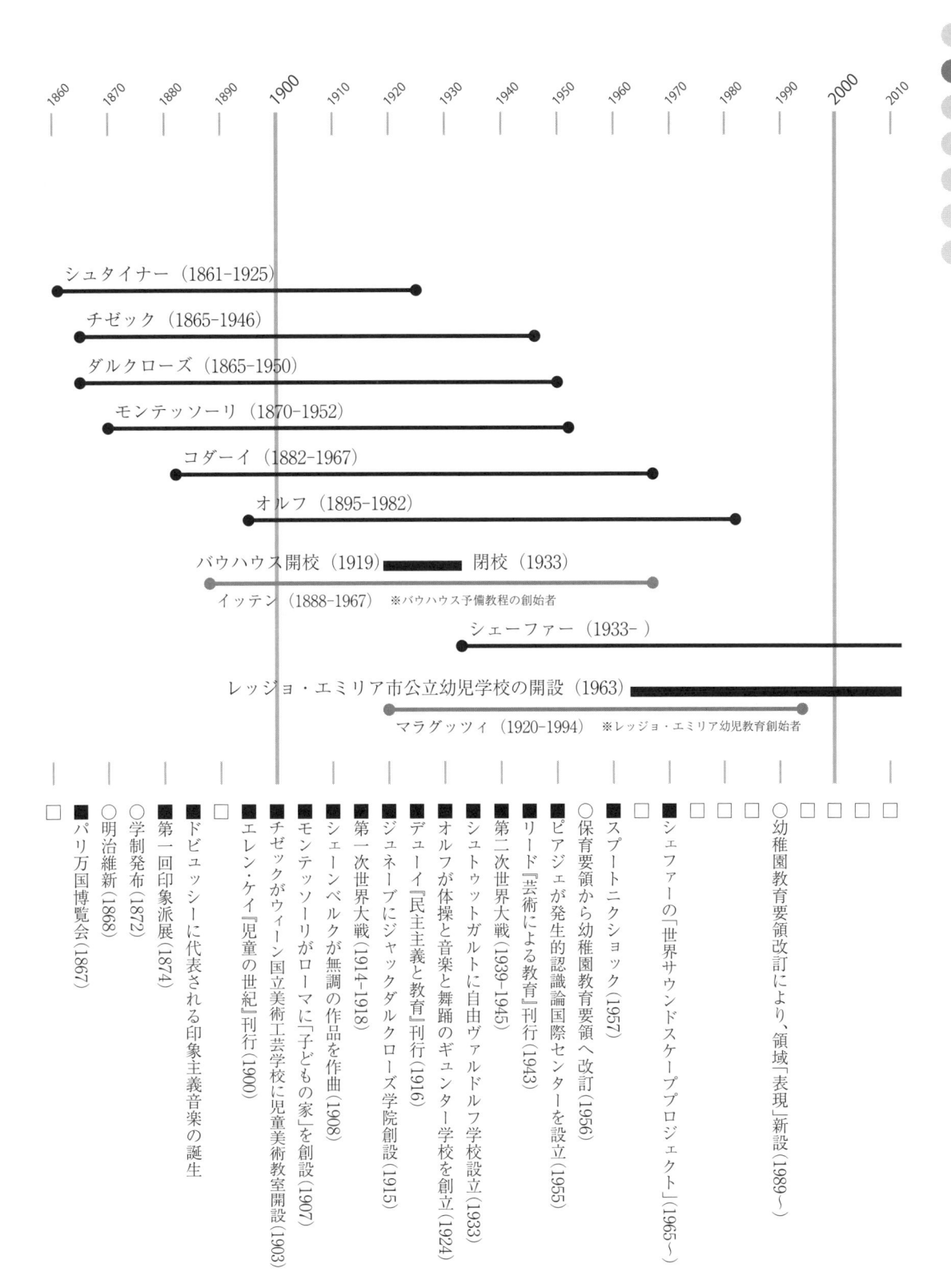

第2章 人物からせまる！「感性」の教育史

年表

人物の生没年：
- シュタイナー（1861-1925）
- チゼック（1865-1946）
- ダルクローズ（1865-1950）
- モンテッソーリ（1870-1952）
- コダーイ（1882-1967）
- オルフ（1895-1982）
- バウハウス開校（1919）― 閉校（1933）
- イッテン（1888-1967）　※バウハウス予備教程の創始者
- シェーファー（1933-）
- レッジョ・エミリア市公立幼児学校の開設（1963）
- マラグッツィ（1920-1994）　※レッジョ・エミリア幼児教育創始者

出来事：
- パリ万国博覧会（1867）
- 明治維新（1868）
- 学制発布（1872）
- 第一回印象派展（1874）
- ドビュッシーに代表される印象主義音楽の誕生
- エレン・ケイ『児童の世紀』刊行（1900）
- チゼックがウィーン国立美術工芸学校に児童美術教室開設（1903）
- モンテッソーリがローマに「子どもの家」を創設（1907）
- シェーンベルクが無調の作品を作曲（1908）
- 第一次世界大戦（1914-1918）
- ジュネーブにジャックダルクローズ学院創設（1915）
- デューイ『民主主義と教育』刊行（1916）
- オルフが体操と音楽と舞踊のギュンター学校を創立（1924）
- シュトゥットガルトに自由ヴァルドルフ学校設立（1933）
- 第二次世界大戦（1939-1945）
- リード『芸術による教育』刊行（1943）
- ピアジェが発生的認識論国際センターを設立（1955）
- 保育要領から幼稚園教育要領へ改訂（1956）
- スプートニクショック（1957）
- シェーファーの「世界サウンドスケーププロジェクト」（1965～）
- 幼稚園教育要領改訂により、領域「表現」新設（1989～）

コラム

表現を語源から考える

　「表現」ということばは，英語の presentation を，明治期（1881年）に漢字で表記したものといわれています。この「表現」ということばは，現在では日常的に使われていますが，意外とその概念については理解されていません。そこで，改めて「表現」ということばの概念を，その語源や字義から考えてみたいと思います。

＊「表」の語源

　「表」の字は着物の意を表す「衣」と音を表す「毛」〈ぼう〉からできています。「毛」は「覆い包む」という意味を表し，「衣」と「毛」を合わせた「表」は「毛を裏にして作った上衣」のことでした。それが転じて「おもて・あらわす」等の意味をもつようになったのです。

＊「現」の語源

　一方「現」は，意味を表す「玉」と，音を表す「見」〈けん〉から成り立ちます。「見」の音は「顕」〈あらわれる〉を意味し，「玉の光沢（があらわれる）」ことを示すようになり，転じて「あらわれる」という意味で用いられるようになりました。実は，この「現」という漢字は「見」という字の後に作られ，古典では「現」ではなく「見」と書かれている場合が多かったようです。

　それでは，「現」のもとになった「見」は本来どのような意味をもっているのでしょうか。

　「見」は意味を表す「目」と音を表す「儿」〈けん〉からできています。「儿」は人の象徴なので，「目」と「儿」をあわせると「大きな目の人」という意味になり，それが転じて「ものを明らかにみる」という意味になりました。それから後に「視」〈みる〉が使われるようになってから，「意図的にみる」意の「視」と区別するために「（自然に）目前に顕れる」という意味として，「現」の字が用いられるようになりました。

＊「表」と「現」の語源から読み取れるもの

　「表」が示す「上衣」からは，何かを「包む」「覆う」という人間の行為やその意図を読み取ることができます。一方，「現」が意味する「玉の光沢」は，「玉」から自然にあらわれ出るもので，無意図的なものが読み取れます。「表現」という語句が意味する内容には，「意図的にあらわすこと」と「自然にあらわれ出ること」の２つが含まれています。前者を「表現」，後者を「表出」として区別しますが，語源からは，意図的な「表現」も無意図的な「表出」も，どちらも「表現」に含まれているといえます。

＊「表現」の語源から幼児の表現活動を考える

　幼児の行動を「表現」「表出」に区分するか，両者をまとめて考えるかでは，子どもの表現活動を捉える視点が大きく変わります。幼児の表現活動の中には，「表現」とも「表出」ともつかない活動が多く含まれるからです。幼稚園教育要領の領域「表現」のねらいにある「感じたことや考えたことを自分なりに表現する」姿を認めていくには，意図的に表されたものだけでなく，「自然に現れ出る」行為も見逃さずに認めていくことが大切です。「表」と「現」の漢字の語源はそのことを私たちに教えてくれているのではないでしょうか。

（平井　恭子）

第 3 章
発達段階別　子どもの表現力の変化

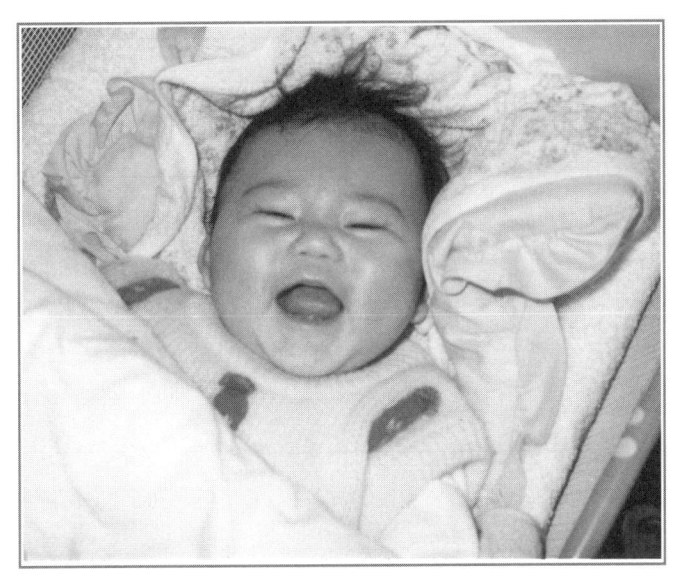

母親の「いないいない　ばぁ」に満面の笑みで応答する乳児（4か月）

　表現のはじまりは，新生児期の赤ちゃんとお母さんのやりとりの中にすでに現れています。ここでは，子どもの表現をコミュニケーションや声，ことば，動き，歌唱，描画などの発達過程の中に位置づけ，その変化を捉えていきます。子ども達が生活の中でどのように自己表現をしているのか，保育者はどのように受け止めて関わっていけばよいのかを，発達過程を踏まえながら学びましょう。

発達とは

発達ということばは、教育以外でも「発達した低気圧」とか「テクノロジーの発達」など、様々な分野や場面で用いられている。つまり、「発達」には「規模が大きくなる」「機能が高度化する」などの意味が内包されるが、「人間の発達」というときの「発達」を説明するとなると、その内容にはたいへん複雑な要因が含まれており、一口で説明するのは困難である。また、発達の概念をいかに捉えるかは、子育ての方法や教育観などに大きな影響を及ぼす。そのため、「発達」についての話題は人間形成における中心的課題となってきた。それでは、そもそも人間にとって発達とは、どんな意味をもつのだろうか。

発達とはなにか

「発達」に関してはこれまで長い間、子どもが生まれてから成人になるまでの変化を中心に研究が進められてきた経緯があり、未熟な子どもが完成した大人の姿に向かって変化していくことと理解されてきた。しかし現在では、そうした子ども中心の見方から脱却し、「人間の個体発生の過程に焦点をあて、受胎から死に至るまでの人間の心身における形態や機能の成長の過程」であると定義されている。(『新教育学事典』第一法規、1990)

この定義から、一般的に言われているように「できなかった」ことが「できるようになる」等の上昇的な変化だけが発達ではなく、青年期以降の下降的変化をも含んで、人生の全体にわたって捉えていることがわかる。つまり、人生のあらゆる時期には、その時期固有の発達の姿があり、その時期にふさわしい生活を繰り広げ、その時期として充実していることが大事であることを「発達」は意味している。

それでは、人生のはじまりともいうべき乳幼児期は人生の中でどんな時期と捉えればよいのだろうか。

保育所保育指針・幼稚園教育要領は、発達をどう捉えているか

保育所保育指針第2章「子どもの発達」では、前文において子どもの発達を次のように定義している。

「子どもの発達は、子どもがそれまでの体験を基にして、環境に働きかけ、環境との相互作用を通して、豊かな心情、意欲及び態度を身に付け、新たな能力を獲得していく過程である」

一方、幼稚園教育要領においては冒頭の「幼稚園教育の基本」において、幼児の発達のあるべき姿について次のように言及している。

「幼児の発達は、心身の諸側面が相互に関連し合い、多様な経過をたどって成し遂げられていくものであること、また、幼児の生活経験がそれぞれ異なることなどを考慮して、幼児一人一人の特性に応じ、発達の課題に即した指導を行うようにすること」

これらを概観すると、保育所保育指針と幼稚園教育要領が捉える「発達」は、特別な技能や能力、知識などが獲得されることだけを発達と捉えているのではなく、子どもの発達を過程として捉え、「個別性」「順序性」「相互性」「連続性」などを重視していることが読

み取れる。

それでは、乳幼児期の発達過程として重視すべき「個別性」「順序性」「相互性」「連続性」とはそれぞれどのような内容を指すのだろうか。

(1) 発達の個別性

発達は長い目でみればある一定の方向性や共通性を見出すことができる。しかし、一人ひとりが見せる発達の様相や足取りは実に様々である。例えば、歩行の獲得を例にあげると、9か月で歩き始める子もいれば1歳過ぎてもまだハイハイしている子もいる。したがって、保育所保育指針では、8つの年齢区分においても、おおよその目安であることや年齢区分そのものに幅をもたせることの必要性を強調している。

(2) 発達の順序性

運動面では、首→胸→腰→脚→足首という「頭部から脚部へ」、肩→肘→手首→拳→指先という「中心部から抹消部へ」、そして、粗大運動から目的に合わせた微細で正確な運動へという順序性や方向性がある。また一方、精神面では、単なる興奮から分化した豊かな情動へという「未分化から分化・統合へ」という一定の発達の流れがある。

(3) 発達の相互性

発達は、身体的形態や生理機能、運動面や情緒面の発達、人との関わりの発達など、様々な側面が相互に関連し合って総合的に成し遂げられていく。子どもは大人との信頼関係を基盤にして、人やものをはじめとした環境と相互に関わり、生きていく上で必要な様々な知識や技能を身につけていくのである。

(4) 発達の連続性

発達には、外見的には質的な変化が突然起こったように見られる面があるが、その変化のために必要な経験や学習が潜在的に準備されていく連続した過程がある。保育にあたっては、目の前にいる子どもの現状に目を向けつつ、長期的視野に立って、連続的に発達を捉えていく必要がある。

子どもの発達によりそう保育とは？

幼稚園や保育園で行われる保育は、子どもの発達に即して行われる必要がある。しかし、そのことは大人が定めた年齢ごとの到達目標に向かって子ども達を引き上げていくことを意味しているのではない。

発達はいつも右肩あがりに一直線に進んでいくとは限らず、あるとき急速に伸びたと思ったら足踏みしたり、後戻りしたりといった様相が認められるものである。

もともと、「発達」という言葉は、英語のdevelopmentや、フランス語のdéveloppement、ドイツ語のentwicklungの訳語で、どれも「包んであるものを広げて中身が外に出てくる」または「絡んでいたものがほどける」などの意味をもっている。発達の過程において、子ども達は様々な困難や葛藤を経験していくが、そんなとき子ども達が自分自身の力で「絡んだものをほどいて」外に歩みだせるよう援助していくのが保育の役割として重要である。

※付属資料として次頁の子どもの発達段階表「0～2歳」および「2～8歳」を参照してください。

（平井　恭子）

〈資料〉子どもの発達段階表 ―「0～2歳」および「2～8歳」―

	子どもの姿	運動能力	言語	社会性	心や知能
0か月	体重3000g，身長約50cm。元気に産声をあげ，体重計の上で手足をぎこちなく動かす。	生後すぐは**新生児反射**が見られる。一日のほとんどを眠って過ごす。	2か月前後から，「アー，クー」など，やわらかい声を出す（**クーイング**）。	まどろみ時などに微笑みが生じる（**新生児微笑**）。1か月頃，人と目を合わせられるようになる。2か月頃には，抱かれると安心した表情を見せる。	生後間もなくは，他者の表情などを無意図的にまねる**原初模倣**が見られる。母親の声とそうでない人の声を聞き分けられる。
3か月	体重6000g，身長約60cm。あやすと，よく笑うようになる。	首がすわる。仰向けで左右対称の姿勢がとれる。ガラガラなど棒状のおもちゃを握る。**目と手，手と口の協応**が始まる。	母音の発声がみられる。5か月頃から過渡期の喃語を話す。	大人があやすと微笑む（**社会的微笑**）。3か月頃から動くモノを追視する。5か月頃から見慣れない人をじっと見る。	4か月頃，自分の手を見つめる（**ハンドリガード**）。音のする方に振り向く（**音源定位**）。
6か月	体重7500g，身長約65cm。上手に座る。お気に入りの積み木をしっかり握る。	一人で座ることができる。自由に寝返りをする。7か月頃から四つ這いになる。8か月頃からハイハイができる。	8か月頃までに子音と母音の構造を含む**規準喃語**が出現する。	6か月頃から人に向かって働きかけるようになる。「いないいないばぁ」を楽しみ始める。	7か月頃から視界からモノが消えても，それが消滅したものでないことがわかり始める。
9か月	体重8500g，身長約70cm。初めて一人で立つ。	つかまり立ちから，つたい歩きへと移行する。親指，人差し指が向かい合ってモノをはさむことができる（**拇指対向**）。	9～10か月頃には，いくつかの単語の意味を認識することができる。	ボールのころがし合いなどのやりとり遊びが始まる。バイバイのしぐさをする。知らない人に対して背を向けたり，振り返って見たりする。	目的をもって身体を移動させ，**探索行動**などを行う。手段と目的がはっきりと分化し，洞察行動が見られる。
1歳	体重9000g，身長約75cm。鏡の後ろから「いないいないばぁ」を繰り返す。	歩行が始まる。くい打ち，ポップアップなどの運動遊びができる。1歳3か月頃からなぐり描きが始まる。	**一語文**が現れる。	他の子どもと隣同士で別々に遊ぶ**並行遊び**が始まる。	指差しができる。家族や人形，ぬいぐるみなどに愛情をもつ。どう行動すれば，物事はどうなるかを調べるようになる（**意図的な調節**）。
1歳6か月	体重10kg，身長約80cm。水遊び。ホースから出てくる水に興味津々。	一人であちこち動き回る。「斜めの姿勢」がとれ始める。しゃがんで遊べる。	1歳半から2歳の間に**二語文**が現れる。100前後の語を獲得する。「あれ」などの指示代名詞が使われ始める。	1歳半から人の注意を引くために，引っ張るなど自分から働きかける。自分の所有物を「○○ちゃんの」と主張する。	鏡の中の自分や，写真に映った自分を認識できる。名前を呼ばれると「はい」と答える。

(表作成：平井　恭子)

	子どもの姿	運動能力	言語	社会性	心や知能
2歳	ごっこ遊びが始まる。ぬいぐるみにハンカチのお布団をかけて,「ねんねん…」	両足ジャンプができる。ボールを蹴ることができる。手すりを持って階段登りができる。なぐり描きをする。	2歳時点で約100語を話し,およそ500語を理解している。二語文の出現とともに,2歳半ぐらいまでにほぼすべての品詞がそろう。自分の名前が言える。	一人遊びまたは,他児の遊びを少し離れて見ている傍観的行動が多く見られる。保育者を仲立ちとしてごっこ遊びを楽しむようになる。	大人の手を借りずに何でも自分でやりたがる。自分の意志や思いを主張することが中心で,抑えることが難しい(感覚運動期から前操作期へ移行する)。
3歳	メロディーを即興的に歌う活動が見られる。ラップの芯をマイクに見立てて遊ぶ。	短時間,片足で立てる。手を使わずに階段の昇り下りができる。上着のボタンを一人でかけられる。線や円が描ける。	約800〜1000語の語彙を獲得し,日常会話において経験したことを伝えられる(例:「みきちゃんがぎゅうにゅう,こぼした」など)。友達の名前が言える。	同年齢の友達と遊ぶことが多くなる。ごっこ遊びが盛んになる。友達のそばで同じようなおもちゃで遊ぶが互いに影響されない並行遊びが見られる。	大きい―小さい,多い―少ない,長い―短いなど,対比的認識ができるようになる。虚構の世界と現実の世界が交じり合っている。
4歳	想像力が豊かになり,物語を楽しむ。冠をかぶり,お姫様に変身!	片足跳びやスキップなどができる。平均台を平衡を保って歩ける。手先の巧緻性が高まる(紐むすび,ビーズの紐通しなど両手を協応して使える)。	話し言葉がほぼ完成し,話すことへの興味が高まる(多弁期)。言葉がコミュニケーションの道具だけでなく,思考の道具としても機能し始める(内言)。	数人のグループで遊びを展開し始める。遊びの中で会話ややりとりはあるが,役割分担やリーダー的な存在は認められず,みんなが同じような行動をする(連合遊び)。	他者の考えや気持ちを推測できる。生活の中で簡単な約束やルールが理解できる。
5歳	いろいろな運動ができるようになり,自分から新しいことに挑戦する意欲が高まる。	複数の運動的要素を一つの運動にまとめあげることが可能になる(ブランコを立ったまま漕ぐ,走りながら縄跳びをするなど)。	幼児語が少なくなる。相手の話をよく聞いて適切に応答できる。平仮名が読めるようになる。助数詞(「いっぴき,にひき」等)が獲得される。	共通の目的をもって集団で遊ぶことが多くなる。仲間関係が分化され,遊びの中で役割分業ができ,機能的に結びつく。遊びの中で起こったいざこざを自分たちで解決できる。	5歳後半頃から,虚構の世界と現実の世界の違いを理解できるようになる。
6歳	はっきりとした目的をもって予想や見通しを立てる能力が育つ。	外部の刺激に動作のタイミングを合わせられる(音楽に合わせたダンス等)。竹馬や鉄棒など不安定な姿勢での全身制御が可能になる。	声を出して本が読める。筋を通して話をしたり,想像して話を作ることができる。二次的言葉(不特定多数の相手に話しかける言葉)が少しずつ使えるようになる。	共通の目的や役割を伴った協同遊びが行われる。遊びの形態は複雑化し,長い時間遊びを持続できる。遊びの中でリーダー役の子どもが出てくる。	7歳ぐらいまでに,知覚的に目立つ属性に左右されずに数の大きさが一定であることを理解できるようになる(「数の保存」の成立)。
7〜8歳	小学校に入学し,文字や数などに関する知的関心や理解が深まる。	筋力の発達に伴い,走る,跳ぶ,投げる,押す,ぶら下がる,登るなどの運動能力が著しく発達する。	書き言葉の学習が始まることに伴い,言語と思考の結びつきが強まり,内言が発達する。平易な文章(昔話,物語など)が声を出さずに黙読できる。	友達をもつことに関心はあるが,その結びつきはまだ弱い。友達と自分を比較することを通して,一人ひとりの個性に違いがあることを知る。	前操作期から,具体的操作期へと移行する時期である。思考操作は具体性の内容を保持しており,形式的思考や操作はまだできない。

第3章　発達段階別　子どもの表現力の変化

1 表現のはじまり ―母子のコミュニケーション―

赤ちゃんが意味をもつ言葉を話し始めるのは，生後1年を過ぎた頃からである。それまでの赤ちゃんは，どのような方法で自らの気持ちを表現しているのだろうか。長い間，赤ちゃんは自分からは何もできない受身の存在であると考えられていた。しかし，近年の研究から，赤ちゃんは外の世界に積極的に働きかけて関わろうとする能力をもつ存在であることがわかってきた。

コミュニケーションが不可欠なヒトの赤ちゃん

ヒトの赤ちゃんほど手のかかる存在は他に例がないといわれている。例えばチンパンジーの赤ちゃんは生まれてすぐにお母さんにしがみつき，おっぱいを探して吸い付くことができるが，ヒトの赤ちゃんは生まれたとき，自分で立つことはおろか，自らお母さんにしがみついて母乳を飲むこともできない。そこで必要となってくるのが，自分に注意を向け，手厚く保護や世話をしてくれる養育者の存在である。養育者は赤ちゃんが泣いて何かを訴えると，即座に応じて赤ちゃんを抱き上げたり，ミルクを飲ませたり，声をかけたり，あらゆる養育行動をする。

このように生理的に未熟な状態で生まれたヒトの赤ちゃんにとって，母子間のコミュニケーションは，生命を維持していく上で重要な意味をもつといえる。

赤ちゃんは身体全体で会話している

電車やバスの中で赤ちゃんを抱いたお母さんが赤ちゃんに語りかけている様子を見かけたことがあるだろうか。

もちろん，赤ちゃんは母親の語りかけることばの意味を理解しているわけではない。しかし，2人は声を媒介にして，まるで会話をしているように見える。それは，赤ちゃんが声だけでなく，表情や身振りも含めて身体全体で会話をしているからである。

微笑からはじまるコミュニケーション

赤ちゃんは生まれた直後から，ヒトの表情をまねする能力があるといわれている（**新生児模倣**）。この模倣は意図的なものではなく，生得的・反射的なものであるが，赤ちゃんがまねをすると大人は「かわいい」と思って，ますます積極的に関わろうとする。

また，大人を積極的なやりとりに引き込むものとものとして，赤ちゃんの微笑みがある。新生児期には生理的に微笑む現象（**新生児微笑**）が見られるが，これは特に人を意識したものではない。しかし，2～3か月になると，馴染みの深い母親や父親などが微笑むと，意図的に微笑みを返すようになる（**社会的微笑**）。

このように，模倣や微笑のやりとりを通してコミュニケーションは促進され，社会的な絆が築かれていく。

声や身体全体を使って表現する赤ちゃんとお母さんのやりとりの様子は，まさに，ヒトの成長は，大人とのやりとりによって達成されることを私たちに教えてくれている。

（平井　恭子）

2 赤ちゃんの音声 ―喃語から日本語へ―

赤ちゃんの音声の変化

赤ちゃんは身体の成長が早いが、その声も早い変化をみせる。生まれてしばらくは泣き声ばかりだが、そのうち機嫌の良いときには母音「あ」に近い音声を短く発音し、次第に長く発音するようになる。「あ」に近い母音から発するようになるのは、自然に口を開けて声を出してみればわかる。「い」や「う」などのような母音は、くちびるを動かす必要があるため、少し遅れてから発声されるようになるのである。その次には、のどの奥の形状が変わることで、「k」に近い子音が出るようになる。続いて、一般に「Coo」「Goo」と聴き取られる、のどの奥が狭まることによって出る声が発せられるようになる。そして、くちびるを開閉する「ま」や「ぱ」の音が出るようになる。こうして発音されるようになった音声が複数音節になったものを喃語という。

音声の発達については個人差が大変大きく、9か月で初語（始めて発せられる有意味語）が現れる子どももいれば、1歳半でもあまり声を出さない子どももいる。【表1】に平均的な発達の特徴を示す。

【表1】 乳幼児の音声の発達

0～2か月	反射的な音声（母音「あ」から）
1～4か月頃	子音が混ざる：Goo 期
3～8か月	基準喃語：子音と母音
1歳前後	初語（有意味語）の発声
1歳半頃	2語文の発話

喃語期

初語はおおむね1歳くらいに現れるが、1歳後半に2語発話ができるようになっても、有意味語と平行して喃語が残っている場合もある。物の名前などが言えているのに、ゴニョゴニョとわからないことをつぶやいていることがあるが、これは話す練習をしているだけではない。喃語には、声が出ることを楽しんだり、歌ったりしている音声もあり、喃語期は音声的にとても創造的な時期だと考えられる。

このような乳幼児の声に耳を傾け、子ども達のことばに添った音声で、ことばがけや応答をしたいものである。

母子コミュニケーション

多くの母親は、赤ちゃんが声を出すとすぐに声かけをする。「どうしたの？」と声をかけたり、赤ちゃんの声をまねしたりする（下図）。こうして赤ちゃんが話せるようになる前に、親子で応答することができるようになる。

（坂井　康子）

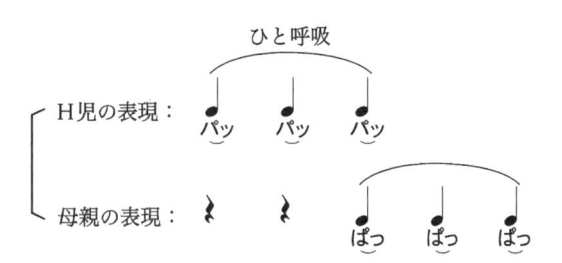

H児の表現：パッ パッ パッ（ひと呼吸）
母親の表現：ぱっ ぱっ ぱっ

マザリーズ

乳幼児に話しかける母親の発話はマザリーズと呼ばれている。マザリーズは、「ゆっくり」「高めに」「抑揚が大きく」「短く」「間をとって」話されることで、子どもの知覚や理解を助けている。

コラム

声の衛生，声の環境

＊声の衛生のために

声帯に長期的に負担がかかると「嗄声（させい）」といってかすれた声になってしまいます。声を大切にしてください。一度嗄声になってしまうと治らないこともあります。アルバイトで大声で呼び込みをする，クラブで大声を出して応援をするなどによって，一生嗄声になってしまうことがあるのです。特に風邪をひいている時に無理に声を出してはいけません。

その他，まわりの環境も声に大きな影響があります。ほこり，乾燥，冷え，たばこの煙などが声帯のトラブルを引き起こす原因になります。

声がれの症状がみられるときは，声を使わないようにするために，できるだけしゃべらないようにして声帯を休ませましょう。

嗄声の状態が続くようならば，声帯の間にポリープができている場合がありますので，一度耳鼻咽喉科に行って診てもらいましょう。

＊園の音環境

実習に行った時，園の音環境はどのような印象でしたか？　騒々しくて伝えたいことが聞こえにくかった，あるいは静かにゆったりとした時間が過ぎる感じがしたなど，園によって音環境には大きな違いがあります。もちろん園の立地はできるだけ公害のない，電車や幹線道路に接していないところが選ばれていますが，やはり建物の広さや構造，そして保育者の声や動きによって，園の音環境は変わります。

大声で器楽合奏の指導をしたり，音の悪いキーボードで伴奏を弾いたりなどということがないようにしたいものです。

＊騒音調査

日本の学校環境衛生基準では，教室内の騒音レベルは，窓を閉じているときはLAeq50dB（デシベル）以下，窓を開けているときはLAeq55dB以下が望ましいとされていますが，志村（1996）の調査では，保育室内の測定結果の平均値が，午睡時間を除くと80dBにも上るという園もあるということです。

子ども達にとって一生の出発点でもある保育の場の音環境は，聴覚的発達の基礎であるというだけではなく，精神的な安定という意味でも重要です。

これからは保育の場に携わる関係者が園の音環境について話し合う機会をつくり，例えば室内の反響音を吸収する吸音材の挿入など，音環境の改善についても考えていくべきでしょう。

（坂井　康子）

3 ことばと歌の関係

私たちが話している日本語と，歌われる歌の関係について考えてみよう。

日本語と歌の関係

世界の言語には，大きく分けて，ストレス言語，シラブル言語，モーラ言語があるが，日本語は，モーラ言語といって，1カナ1カナがおおむね同じ長さに発音される。

ストレス言語	英語，ドイツ語，オランダ語
シラブル言語	フランス語，イタリア語，スペイン語
モーラ言語	日本語

日本語と歌のリズムの関係は以下のように様々である。

1カナ1音 《つき》 林柳波作詞，松島彝作曲

1カナ2音 《冬の夜》 文部省唱歌

ここでは「び（ー）」「ち（ー）」「う（ー）」の部分

数カナ1音 《だれにだっておたんじょうび》

一樹和美作詞，上柴はじめ作曲

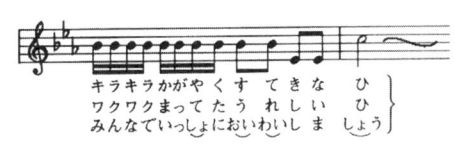

例えば，同じ高さで歌われている「キラキラ」は，Bフラットの1音を4カナで歌っていると捉えられる。

また，日本の民謡では，メリスマといって1カナにつき多くの音が歌われる歌い方がなされるが，このメリスマは日本の様々な伝統音楽の歌唱にみられる。

子どもたちの自発的歌唱と現代の歌

子どもがいつ頃から歌い始めるのかは，生後2か月頃とも言われているが，まだわかっていない。ただ，乳児は話すようになる前に規則的なリズムをつくり出したり，話しことばとは異なる大きな抑揚のある声を出したりしている（子どもの発声や自発的なつくりうたについては，本章4，6を参照）。その後子どもは，ことばの特徴を生かしたうたを自身でつくって歌う。また子どもの自発的歌唱であるわらべうたは，1カナ1音を基本として，大きな跳躍がなく，遊びに合わせてごく自然に歌われる。

ところが現代の子ども達は，わらべうたを歌うのと同じ時期に，大人がつくった複雑な構造の歌をテレビで聞いたり，園で習ったりする。我々は，これらの大人がつくった子どものための歌が子どもにとって適切であるかどうかをしっかり判断していかなければならない。

歌の選び方

子どもに教える歌を選ぶときには，子どもが喜ぶ歌というだけで選ばず，以下の点を吟味する必要がある。

①ことば（歌詞）の特徴を大切にした旋律
②子どもの声域に合った音域
③子どもの息の長さに合ったフレーズ
④子どもの生活やことば，感情にマッチしている歌詞

（坂井　康子）

4 「つくりうた」から「わらべうた」へ ―でたらめなのにでたらめでない―

子どもの「つくりうた」

1歳からおおむね4歳くらいまでの子どもは，即興でうたをつくって歌うことがある。乳幼児の「つくりうた」であるが，「つぶやき歌」「でたらめ歌」などとも言われ，子どもの思いつきで歌われるものである。

しかし，「つくりうた」を分析すると，決して「でたらめ」ではなく法則性をもっていることがわかる。本来，子ども達は自分自身の「ことば」を歌おうとし，ことばの特徴を生かしたうたづくりをしている。

筆者の調査によると，ことばを生かしている例として，アクセントの下がる部分（アクセント核）では，その90％がメロディーの下げ位置と合致していた。子どもは「つくりうた」をでたらめに歌っているようで，実は自分のことばのメロディーを歌っているのである。声を延ばす位置にも一定の法則性があり，それはわらべうたの法則へとつながっていく。

子どもの「つくりうた」はのびのびとして独創的であり，現代的な旋律やリズムをも含んでいる。その特徴を以下にまとめてみた。
・フレーズが短くまとめられている。
・ことばのまとまりとフレーズが合致している。
・一番最後が延ばされることが多い。
・声質を様々に変えて歌う。

「わらべうた」

「つくりうた」が共有され，遊びとともに歌われ練磨されたものが「わらべうた」と言ってよい。「つくりうた」の延長上にある「わらべうた」には以下のような特徴がある。

①隣り合う2音は高いほうの音で終わる

「みーかーちゃん，あーそーぼ」のように友達に声をかけるときも，2音のメロディーが生まれる。

②隣り合う3音は真ん中の音で終わる

【譜例1】「どちらにしよおかな」は2音でも3音でも歌われるが，2音で歌われるときは高い音で，3音で歌われるときには真ん中の音で終わる。

【譜例1】「どちらにしよおかな」

③テトラコルドの3音の時は一番高い音か一番低い音で終わる

日本の「わらべうた」では完全4度の枠（テトラコルド）が頻繁に歌われる。特に民謡のテトラコルドと言って下記のように短3度と長2度の関係になることが多い。テトラコルドの終わり方は両端の音（核音）で終わる。

民謡のテトラコルド

現代の「わらべうた」

わらべうたはことばの特徴に沿って歌われていたが，現代では楽譜化されたり，テレビ等で歌われたわらべうたの旋律がそのままの旋律で定着してしまい，わらべうたの旋律の地域差がなくなる傾向にある。

（坂井　康子）

5 声と動きのリズミカルな関わり①　―0〜2歳頃まで―

　乳幼児は日常生活の様々な場面で，声やことばと動作をリズミカルに関わらせて表現している。そのような子どもの表現はリズムにのって動作を伴いながら歌うことや，手遊びを楽しむことなど，将来の音楽活動へとつながる原初的な音楽表現である。

　ここでは，喃語から有意味語を獲得していく過程にみられる偶発的な声と動作の関わりから，意図的に声やことばと動作を関わらせる音楽的な表現への変化の過程を0〜2歳頃について概観する。

偶発的な声と動作の関わり

　誕生時の産声は，aに近い400〜500ヘルツの音高で発声される。2〜3か月頃になると，喉の奥を鳴らす**クーイング期**になる。4〜6か月頃は**声遊び（vocal play）の時期**と呼ばれ，あらゆるタイプの音声が現れる。6か月を過ぎると子音と母音の構造を含む**規準喃語**が現れ，音声と動作の**同期**がみられる。江尻（2000）はこの同期現象が意図的に行える行動ではなく，乳児の音声生成や身体のコントロール機能が未熟なために偶発的に生じるものであると指摘している。【写真1】は6か月児がうつ伏せで腕を広げる時に，偶発的に「エッ，エッ」と声が出て，動作と同期した例であり，意図性は感じられない。

意図的な声やことばと動作の関わり

　月齢が進みことばを習得し始めると，音声やことばと動作をひと呼吸でまとめた拍節的な表現がみられるようになる。【写真2】では1歳1か月児が，これまで親からしてもらったように「パッカッ，パッカッ」と発声しながら弾む動作を同期させている。また【写真3】は2人の子ども（1歳8か月児）が母親の「ばんざーい」というかけ声をきっかけにして，同じく「ばんざーい」とひと呼吸を単位にことばと動作を同期させている場面である。このように，子ども達は意図的に周りの人と関わり，声やことばを音楽的にまとめる方法を学んでいるのである。（岡林　典子）

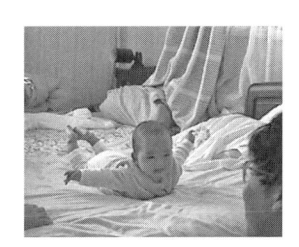

【写真1】
偶発的な動作の関わり

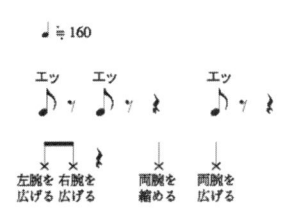

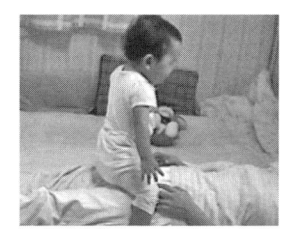

【写真2】
意図的な声と動作の関わり①

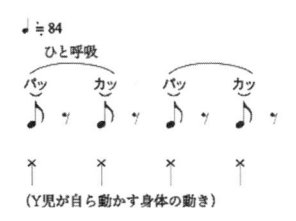

【写真3】
意図的な声と動作の関わり②

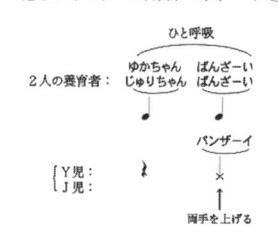

6 声と動きのリズミカルな関わり② ―2歳頃から―

言語や運動能力が著しく発達する2歳児以降になると、身体運動を伴いながら歌ったりリズミカルに唱えたりする歌唱行動が頻繁に見られるようになる。動きを伴う歌唱表現は、幼児が自らの感情を表現したり、それを誰かと共有したりする上で大切な手段になっている。そして、声と動きとの関連性は年齢が進むにつれて次第に深まっていく。

ところで、動きを伴う歌唱行動は「動きや音楽などの外からの刺激に合わせて行う」場合と、「外からの刺激なしで自ら歌ったり動いたりする」場合の2つに大別される。

次に、それぞれの場合について、歌と動きを伴う歌唱行動の発達について概観してみる。

外からの刺激に合わせて動きながら歌う

幼児は、よくテレビ番組の歌のおにいさんやおねえさんをまねして楽しそうに歌いながら手遊びをしたり、身体を動かしたりしている。子どもは歌いながらリズムに合わせて身体を動かすことを好むが、手遊びを楽しむためには、まずモデルの動きを見て、それを再現する能力が必要となる。その能力は2歳から3歳頃にかけて飛躍的に発達することが報告されている。

しかしながら、他者の動作や指示、CDから流れる音楽など外界の刺激に合わせて身体を動かすことは、幼児期の子どもにとって必ずしも容易なことではない。したがって、指導にあたっては幼児の歌や動きをCDなどの音楽に合わせさせるのではなく、大人が幼児のテンポに合わせる工夫が必要である。

外からの刺激なしで動きながら歌う

幼児がリズミカルに言葉を唱えたり歌ったりしながら手足を動かす様子は、生活の様々な場面でみられる。2歳を過ぎた頃から、手遊びうたや童謡、リズミカルな唱えことばや即興歌を好んで歌うようになり、歌いながら動くことを楽しむようになる。最初は、必ずしも歌と動きが同期していないが、徐々に関連性を深めていく。特に、手拍子など手や腕の動きは、歩いたり走ったりする移動運動よりも先に歌と同期するようになる。

一方、言葉を唱えながらギャロップしたり歩いたりする行動は、2歳頃からみられるが、足の動きとことばが同期してくるのは3歳後半頃からである。特に歌やことばを唱えながら歩くことは、運動機能と音感性が有機的につながってきたことを示している。その後、4歳でスキップの技能が高まり、5歳以降には歌のテンポの緩急に応じて動きを調整できるようになってくる。

このように、子ども達は、生活の様々な場面でことばや歌と身体の動きを結びつけ、リズム感を獲得していく。

以上の知見から、心身の発達と音楽的発達とは密接に関連しており、それらを踏まえた指導が大切である。

（平井　恭子）

7 造形表現の発達① ―子どもの発達段階と描画―

発達段階と特徴的表現

人間は発達の過程で，拇指対向性（親指が他の指と対向する性質でものをつかむことができる）を獲得し，なぐり描きにおけるLC運動（L字のように上から下へ左から右への動き，C字のような弧の動き）といった，手や腕を自由に使った操作ができるようになっていく。そして，手を使う活動が大脳を発達させ，次第に考える力もつくようになる。

子どもの造形活動における主要な目的は，コミュニケーションである。子どもはまず，想像（イメージ）し，他者にも知覚できるような表現の技能を身につけ，表現しながらメッセージを共感・再構成（伝達）していく。これらを理解する上で欠かせないのは，子どもの絵には発達段階における特徴的な表現がみられるという認識である。保育者として子どもの自由な発想と豊かな表現力を支援するためには，個々の子どもの発達段階を踏まえ，自分自身も造形を楽しみながら自己の技能や知恵を身につけていくことが大切である。

子どもの描画区分

子どもの発達は連続的な過程であるため，その段階を明確に区分することはできないが例えば描画活動の発達は，「なぐり描き」（錯画）といった原初的な活動から始まり，「図式」さらに「写実」といったあるまとまりと特徴をもった表現へと移行する。これらは全世界の子どもたちにとっても共通な表現の過程であり，子どもによって多少の違いはあるにせよ，基本的には同じ表現の道筋をたどる。

子どもの絵については多くの研究者によって分類や分析が行われており，V.ローウェンフェルド，H.リード，リュケ，R.ケロッグ，関衛，林部伝七などが知られている。ローウェンフェルドを例にあげると，①なぐり描きの段階（2～4歳），②様式化前の段階（5～7歳），③様式化の段階（8～9歳），④ギャング・エイジ（10～11歳），⑤推理の段階（12～13歳），⑥決定の時期（14～17歳）の6段階に区分されている。

（矢野 真）

	0	1	2	3	4	5	6	7	8	9	10	11	12	13	14	15	16	17	18
V.ローウェンフェルド			錯画期 （なぐり描きの段階）			前図式期 （様式化前の段階）			図式期 （様式化の段階）		初期写実期 （ギャング・エイジ）		擬写実期 （推理の段階）		決定の時期				
H.リード			なぐり描き （スクリブル）		線描時代	説明的象徴主義			説明的写実主義		視覚的写実主義		抑制の時期			芸術的な復活の時期			
リュケ			偶然の写実性			知的写実性							視覚的写実性						
R.ケロッグ			なぐり描き期の発達段階（2～4歳）　①様式時代　②形態時代　③デザイン時代　④絵画時代																
関　衛			錯画時代 （児童画初発の段階）			位置配列の時代 （過渡時代）			形象時代 （10～11歳　描画活動の全盛期）										
林部　伝七			なぐり描き期	象徴期	前図式期	図式期			前写実期						写実期				

8 造形表現の発達② —なぐり描きから目と手の運動へ—

子どもの造形活動は，心身の成長・発達とともに変化していく。ここでは，発達段階ごとの描画分類と，その時期の特徴をあげて，造形表現の発達過程を説明する。

ただし，こうした発達段階と特徴的表現は個人差があるため，画一的には捉えず，あくまでも「おおむね」として，1～3年程度は幅をもたせる必要がある。

なぐり描き期（錯画期，スクリブル期）

1歳半～2歳半頃には，ものをつかむことができるようになってくるとともに，自分を確認する行動が起こってくる。つまり，手の動きによってできた点や線が紙などに残る興味と，身体的な心地よさが感じられるようになる。点や短い線は，次第に手首や肘を使うことにより，なめらかな線へと移行し，さらには始点と終点が一致する円へと発展していく。

手と目が連動し始めるまでの描画を「**なぐり描き**」と呼ぶが，表現活動というよりは，表出活動であると言われている。

象徴期（命名期）

2歳半を過ぎる頃から目前にないものを心の中に思い浮かべることのできる象徴機能が生まれる。さらに，4歳ごろにかけて手と目の協応により，思うような線が描けるようになるが，具体的な形を描くのではなく，描いた形にから引き起こされるイメージによって，ブーブー，パパ，ママなどと命名し，意味づけを行う。

前図式期（カタログ期）

4歳～7歳頃（実際には3歳位から見られることもある）の前半期には，形を羅列して描くため，画面に統一性がないことが特徴といえる。クレヨン・パスで描いていたかと思うと，隣で絵の具を使って描いていた子どものまねをして，上から絵の具で塗りたくるといったこともある。

前図式期の後半になると，「**頭足人**」と呼ばれる頭部から直接手足が生えた表現がみられるようになる。また，好みの色で描いていたものが，対象の色と一致してくるのもこの時期の特徴である。

（矢野　真）

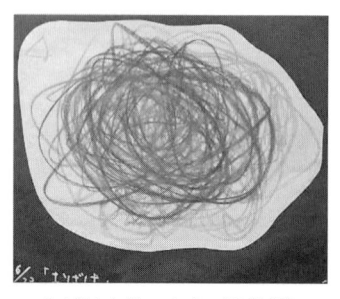

おばけを描いたよ（象徴期）

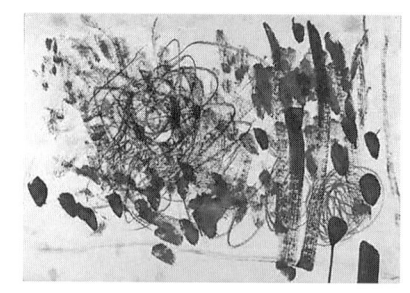

クレヨンで描いた上から絵の具で別の絵を描く　（前図式期）

頭足人（前図式期）

9 造形表現の発達③ ―空間の再現―

図式期

5歳～9歳頃の時期になると，画面の空間設定が始まり，画用紙の上方を空，下方を地上に分ける「**基底線**」といわれる線が現れる。また，上方を遠くの方，下方を近くとして捉える**積み上げ遠近**の意識が出てくるのもこの頃である。

この時期の子どもは，見たものを写実的に描く（**視覚的リアリズム**）より，記憶したものを図式的に捉えて描くため（**知的リアリズム**），下記のようないくつかの特徴的表現様式がみられる。これらは性差，環境など，人的・物的要因によっても影響を受ける。

◆多視点描法（多視点構図）

描くそれぞれの形を自分の描きやすい方向から描き表すため，正面向きや側面向きが一つの画面に表される。【図1】

◆展開描法（展開図法）

まるで立方体の展開図を上方から見たように描画する。画面をまわして描くために，このような表現となる。【図2】

◆レントゲン描法（X線画）

日常的な視覚ではなく，自分の表したいものを表すため，実際には見えない内部を透けた断面図のように表現する。【図3】

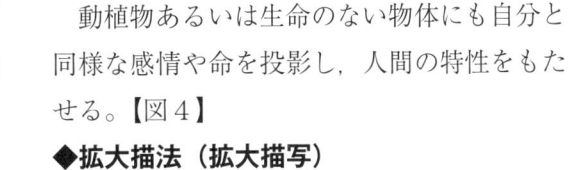

◆擬人法

動植物あるいは生命のない物体にも自分と同様な感情や命を投影し，人間の特性をもたせる。【図4】

◆拡大描法（拡大描写）

印象に残った人や物などを大きく表し，相対的な大きさには無頓着である。【図5】

図版協力：おかざき世界子ども美術博物館

（矢野　真）

【図1】道は上から，建物や車は横から表現する（多視点描法）

【図2】キャンプファイヤーの火を中心に倒れているような人の表現（展開描法）

【図3】乗り物が透けて見えている（レントゲン描法）

【図4】太陽に顔を描く（擬人法）

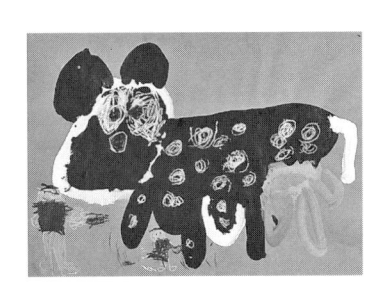

【図5】人よりも大きく表現（拡大描法）

10 造形表現の発達④ ―写実の表現へ―

写実の黎明期

8歳〜11歳頃には，手前や奥などの空間表現に加え，重なりや遠近などの表現が始まる。また，主観的な世界から現実に見える世界を描こうとする，知的リアリズムの表現から視覚的リアリズムの表現へと移行していく。写実的に描けるようになってくるが，遠近法などのバランスが狂うといった矛盾が生じる。

写実期

11歳〜14歳頃になると，観察力や判断力が高まっていき，客観的・合理的な表現を行うことができるようになる。計画的に制作ができるとともに，陰影や立体感，質感，量感などを正確に表せるようになる。

完成期

14歳〜18歳頃は，自身の技能が身につき，客観的な表現力が高まる時期である。特に，社会的なことにも意識が向けられ，芸術や思想などに対する関心が高まることにより，深まりのある考え方や表現が可能となる。

本章の7〜10でみてきたように，発達段階と子どもの描画には密接な関係がある。しかし，ここで注意したいことは，こうした発達段階と描画区分は，あくまでも目安であり，この条件を満たさないからといって，発達に問題があるとは言い切れない。子ども一人ひとりの発達や表現をしっかり受け止め，描画を読み取る上での参考資料の一つとして位置づけたい。

また，描画における形や色使いによる心理的効果が気になるところであるが，**①子どもの家庭環境**，**②子どもに起こった園内・校内での出来事**，**③子どもの好みや成長過程**などを細やかに観察し，保育者として総合的に把握して判断することが大切である。描画の筆跡や色彩が，突然乱暴になったり，大きく変化した場合，何かのサインを子どもが発信している場合も考えられる。

【図1】

【図2】

【図3】

【図1】写実的だがバランスが狂っている（写実の黎明期）
【図2】細部にわたり正確に表現（写実期）
【図3】考え方に深まりが出てくる客観的な表現（完成期）

図版協力：おかざき世界子ども美術博物館

（矢野　真）

第 4 章
領域「表現」の最新情報

5歳児の「やりたい遊び」の土遊びでは，壮大なパノラマが繰り広げられる

　感性の豊かな子どもを育てるために，保育者としてどのようなことが求められているのでしょうか。ここでは，『幼稚園教育要領』と『保育所保育指針』を照らし合わせながら，領域「表現」の目標やねらい，内容について学びます。
　保育者の役割，専門性とは何であるのかを考えましょう。

領域「表現」がめざすもの ―3つのねらいから―

「領域」の誕生

「領域」という言葉は，1956年（昭和31年）に改訂された『幼稚園教育要領』において，初めて使用された。この教育要領では，幼稚園教育と小学校教育の一貫性をもたせるというねらいから，保育内容として6つの領域「健康」「社会」「自然」「言語」「音楽リズム」「絵画製作」を提示した。また，指導内容や指導計画の立案にあたっては，領域別に示されている発達段階に適応するように，内容の選択，計画の立案，あるいは実際の指導を行っていくことが重視されていた。その結果，いわゆる教科的保育になる傾向となった。

一方，保育者のねらいに沿う子どもの姿だけが評価され，それに合致しない子どもの姿が無視されるだけでなく，保育者の意図に合うよう強要される場合もあった。また，領域を意識し過ぎた結果，鉄棒で前回りができるなど，目に見える結果で保育の評価が行われる状況もみられた。

領域の見直し―6領域から5領域へ―

1989年（平成元年）の『幼稚園教育要領』の改訂は，上記のような状況を改善し，「幼児期に育てなければならないものは何か」を捉え直すことから始まった。まずは，「環境を通して行う教育」であることが明示され，保育内容がそれまでの6領域から5領域「健康」「人間関係」「環境」「言葉」「表現」へと改編された。この5つの領域は，幼児が幼稚園修了までに育つことが期待される発達の側面や能力を整理したもので，「心情，意欲，態度」の育成，つまり「生きる力」に重点がおかれた。そして，領域間相互の関連をもたせるようにすることや，総合的指導を行うという点が強調された。

領域「表現」は今までの領域と何が違うか？

平成元年の『幼稚園教育要領』の改訂により，それまでの「絵画制作」と「音楽リズム」という名称の領域が姿を消し，「表現」という名称の領域が新設された。「音楽リズム」「絵画制作」の指導は，どちらかといえば，教科的な傾向になりがちだった。例えば，保育者主導の劇の発表や作品展などである。この場合，見栄えのする発表自体が最終の目的になりやすく，最も大切であるべき子ども自身が表現したい気持ちや楽しさ，喜びなどが置き去りにされた面があった。

領域「表現」は，ただ単に大人が考える音楽や絵画，劇などの分野を一つに結びつけたものではない。子どもの主体的表現を大切にしていくことが原点にあるといえる。ここで問題となるのは，子どもが主体的に表現するための内容や指導方法が十分には確立されていないのではないかという点である。

領域「表現」のねらい

「ねらい」とは，つまり「このように育ってほしい」という保育者の願いのようなものである。それでは領域「表現」の3つのねらいを詳しくみてみよう。

(1) いろいろなものの美しさなどに対する豊かな感性をもつ

「感性」とは，子ども自身が感覚を働かせて，いろいろなことを感受する力のことを言う。

子どもは生まれたときから五感を使って周りのものごとを感受しながら、生きるために必要な様々なことを身につけていく。感性は、誰かに教えられて育つものではない。感性が豊かに育つには、豊かな環境が必要である。この場合の豊かな環境とは、大人から見て美しく整備されたものではなく、子ども世界に立脚した環境設定である。それは、子どもの興味・関心に基づく環境であり、子どもが気づいたり感動したりしたとき、それを受け止める保育者や大人の存在が不可欠である。例えば、道ばたに落ちた葉っぱの上を歩くダンゴムシや蟻に子どもは心を動かされるのに対して、大人はつい見逃してしまうことがよくある。

　そうした子ども達のささいな発見や驚きを認め共感していくには、保育者自身も身の回りの出来事に意識を向け、美しさや良さを感受する力を養うことが大切である。

(2) 感じたことや考えたことを自分なりに表現して楽しむ

　「自分なりに」表現するということは、表現の指導において、意外と見逃されやすいものである。幼稚園や保育所の現場では、みんなで同じ表現をしている場面に出会うことがある。例えば、「自由表現」と言いながら、実際は先生の指示に従って全員が同じ動きでうさぎになったり、壁一面に同じ絵が飾られている作品展もめずらしくない。表現活動は、子どもが何かに心を動かされたとき、自分から表現したくて行う主体的なもので、本来、一人ひとり個別的なものである。同じ音楽を聴いても、身体全体で音楽の楽しさを表現する子どももいれば、友達の動きを見て楽しんでいる子どももおり、一人ひとりの表現や楽しみ方は異なっている。保育者は、それぞれの子どもの心の動きに目をとめ、その子なりの表現を丁寧に読み取っていく姿勢をもつことが大切である。

(3) 生活の中でイメージを豊かにし、様々な表現を楽しむ

　子どもが生活の中のいろいろな場面で、イメージをふくらませて表現しているのはどんな時だろうか？

　子どもが自分から歌い出すのはどんな時か考えてみると、おいしいものを食べたとき、楽しいお話を聞いたとき、何かになりきっているときなどである。そんなとき、子どもの頭の中はイメージでいっぱいになり、声や動きが一体となって溢れ出してくる。豊かな体験はイメージに溢れた様々な表現を生み出す。子ども自身の「表したい」という気持ちが根底にある主体的な取り組みこそが表現の原点である。

　以上の知見から、領域「表現」は、子どもの主体的活動を促すための、ねらいと内容を示していると言えるだろう。

ブランコをこぎながら「ハイジ」の主題歌を歌う4歳児と2歳児。2人ともハイジになったつもり。

（平井　恭子）

1 幼稚園教育要領

『幼稚園教育要領』とは

『幼稚園教育要領』とは，全国の幼稚園が一定の教育水準を確保し，また実質的な教育の機会均等を保障するために，国が法的基準（学校教育法施行規則第38条）に基づき定めた大綱的基準を記載したものである。最近では，2007年の教育基本法，学校教育法の法律改正を受け，2008年（平成20）に改訂された。2007年の改正では，教育基本法第11条に新たに「幼児期の教育」があげられ，幼稚園の位置づけや幼児教育の重要性が改めて強調された。『幼稚園教育要領』は，概ね10年に一度の改訂が行われてきている。

2018年『幼稚園教育要領』改訂と領域「表現」

近年の情報化，グローバル化など急激な社会的変化の中で，子どもたちが未来の創り手となるために必要な資質・能力を備えることのできる学校教育の実現を目指すとして，2018年に『幼稚園教育要領』が改訂される。

その基盤には，子どもたちに求められる資質・能力を社会と共有し，連携する「社会に開かれた教育課程」の重視があり，子どもや地域の実態を踏まえた教育課程の編成・実施・評価等の「カリキュラム・マネジメント」の確立や園内研修の充実なども求められている。例えば，生活体験など基本的な技能の定着や小学校教育との接続を教育課程レベルで意識した接続カリキュラム編成の取り組み等である。そして，この度の改訂では就学期以降に発達する認知能力の基盤となる社会情動的スキル，非認知能力を幼児期に育むことの重要性も示唆されている。

以下は，幼児教育において育みたい資質・能力の三つの柱である。

(1) **知識・技能の基礎**：豊かな体験を通じて，感じたり，気付いたり，分かったり，できるようになったりする。（基本的生活習慣等の獲得，身体感覚の育成，日常生活に必要な言葉の理解，多様な動きや芸術表現のための基礎的な技能の獲得　他）

(2) **思考力・判断力・表現力等の基礎**：気づいたことや，できるようになったことなどを使い，考えたり，試したり，工夫したり，表現したりする。（言葉による表現や伝え合い，自分なりの表現，表現する喜び　他）

(3) **学びに向かう力・人間性等**：心情・意欲・態度が育つ中で，よりよい生活を営もうとする。（思いやり，安定した情緒，自信，好奇心，目的の共有，協力，色・形・音等の美しさや面白さに対する感覚　他）

領域「表現」はこれらの資質・能力を他の領域と絡ませ合いながら，遊びを通して子どもの中に一体的に育む役割を担っている。

その上で子ども自らが，主体的に学ぶアクティブ・ラーニングにより，「幼児期の終わりまでに育ってほしい姿」である10項目（健康な心と体，自立心，協調性，道徳性・規範意識の芽生え，社会生活との関わり，思考力の芽生え，自然と関わり・生命尊重，数量・図形，文字等への関心・感覚，言葉による伝え合い，豊かな感性と表現）を，遊びを通して身に付けていくことが改訂の鍵といえる。

（赤木　公子）

2 新保育所保育指針

『保育所保育指針』ができるまで

『保育所保育指針』は，保育所における保育の内容やこれに関連する運営等について記されており，すべての子どもの最善の利益のため，全国の認可保育所が一定の保育水準を担保するために定められたものである。わが国における保育事業は，1890年6月に赤沢鍾美・ナカ夫妻が新潟静修学校の付属施設として開設した託児所から始まった。その後，1938年1月厚生省が設置，1947年12月「児童福祉法」が公布，1963年「幼稚園と保育所の関係について」の通達を経て，1965年8月『保育所保育指針』が制定された。さらに1990年，1999年，2008年の改訂後，今次の2017年告示・2018年の実施となる。新しい『保育所保育指針』は，子ども・子育て支援新制度の施行や保育所利用児童数の増加といった社会情勢の変化を踏まえ，全5章から構成される。保育所保育の役割や社会的責任，保育の目標や方法，乳児・1～3歳未満児・3歳以上児の3段階に分けた保育のねらいや内容に関する事項，および5領域に分けた教育のねらい・内容・内容の取扱い，健康の保持と安全の確保，地域の子育て支援，職員の資質向上などについて定められている。

保育内容5領域における「表現」

乳児期は5領域で示す保育内容に関する発達が未分化な状況であるが，生活や遊びの充実などの視点を持ちながら，5領域の保育内容における育ちとの繋がりを見通す必要がある。そこで「身近なものと関わり感性が育つ」ことを目標にあげ，興味・好奇心，見る・触れる・探索する，表情や手足・体の動き等の表現の源となる「ねらい」をあげている。

1～3歳未満児および3歳児以上の保育内容5領域のなかの「表現」の目標は，いずれも**「感じたことや考えたことを自分なりに表現することを通して，豊かな感性や表現する力を養い，創造性を豊かにする。」**とある。子どもは毎日の生活のなかで，身の回りの環境と関わり，様々なものと出会い，いつも心を動かしている。こうした「心情」を豊かに持つことが，子どもの心の成長や創造の基盤となっている。また，それらを保育者や友達に伝えるために，自分なりに表現しようという「意欲」を育みながら，表現することを楽しむ「態度」を培っていくのである。これらを踏まえて，以下の「ねらい」をあげている。

1～3歳未満児の「ねらい」は，**①身体の諸感覚の経験を豊かにし，様々な感覚を味わう。②感じたことや考えたことなどを自分なりに表現しようとする。③生活や遊びの様々な体験を通して，イメージや感性が豊かになる。**

3歳以上児の「ねらい」は，**①いろいろなものの美しさなどに対する豊かな感性を持つ。②感じたことや考えたことを自分なりに表現して楽しむ。③生活の中でイメージを豊かにし，様々な表現を楽しむ。**

さらに，これらを達成するために，「内容」「内容の取扱い」が示されている。また，小学校との接続の在り方に配慮しながら，幼稚園教育要領や幼保連携型認定こども園教育・保育要領と同等な教育活動が確保されている。

（矢野　真）

〈資料〉幼稚園教育要領と保育所保育指針 ―領域「表現」対照表―

　平成20年の『幼稚園教育要領』『保育所保育指針』の改訂（改定）によって，3歳以上の教育的機能について，両者の内容には，より整合性が図られました。そして，この度の平成30年の改訂（改定）では，『幼稚園教育要領』『保育所保育指針』に『幼保型認定こども園教育・保育要領』（平成26年に初めて告示された）をも加えて，全ての子どもの健やかな成長の実現に向けて検討がなされ，引き続き内容の整合性が確保されました。

　一方，新しい保育所保育指針では，特に乳児と1歳以上3歳未満児の保育の内容について詳しい記載が別に設けられ，「表現」に関わる記述も充実しています。必ず目を通しておきましょう。

　ここでは『幼稚園教育要領』と『保育所保育指針』の領域「表現」について3歳以上の内容を見比べ，両者で統一されていることを確認しましょう。

幼稚園教育要領（文部科学省　平成29年3月告示）	保育所保育指針（厚生労働省　平成29年3月告示）
第1章　総則 **第2章　ねらい及び内容** 第3章　教育課程に係る教育時間の終了後等に行う教育活動などの留意事項	第1章　総則　　　第5章　職員の資質向上 **第2章　保育の内容** 第3章　健康及び安全 第4章　子育て支援
表現 　〔感じたことや考えたことを自分なりに表現することを通して，豊かな感性や表現する力を養い，創造性を豊かにする。〕	オ　表現 　感じたことや考えたことを自分なりに表現することを通して，豊かな感性や表現する力を養い，創造性を豊かにする。
1　ねらい (1) いろいろなものの美しさなどに対する豊かな感性をもつ。 (2) 感じたことや考えたことを自分なりに表現して楽しむ。 (3) 生活の中でイメージを豊かにし，様々な表現を楽しむ。	（ア）ねらい ① いろいろな物の美しさなどに対する豊かな感性を持つ。 ② 感じたことや考えたことを自分なりに表現して楽しむ。 ③ 生活の中でイメージを豊かにし，様々な表現を楽しむ。
2　内容 (1) 生活の中で様々な音，形，色，手触り，動きなどに気付いたり，感じたりするなどして楽しむ。 (2) 生活の中で美しいものや心を動かす出来事に触れ，イメージを豊かにする。	（イ）内容 ① 生活の中で様々な音，形，色，手触り，動きなどに気付いたり，感じたりするなどして楽しむ。 ② 生活の中で美しいものや心を動かす出来事に触れ，イメージを豊かにする。

(3) 様々な出来事の中で，感動したことを伝え合う楽しさを味わう。	③ 様々な出来事の中で，感動したことを伝え合う楽しさを味わう。
(4) 感じたこと，考えたことなどを音や動きなどで表現したり，自由にかいたり，つくったりなどする。	④ 感じたこと，考えたことなどを音や動きなどで表現したり，自由にかいたり，つくったりなどする。
(5) いろいろな素材に親しみ，工夫して遊ぶ。	⑤ いろいろな素材に親しみ，工夫して遊ぶ。
(6) 音楽に親しみ，歌を歌ったり，簡単なリズム楽器を使ったりなどする楽しさを味わう。	⑥ 音楽に親しみ，歌を歌ったり，簡単なリズム楽器を使ったりなどする楽しさを味わう。
(7) かいたり，つくったりすることを楽しみ，遊びに使ったり，飾ったりなどする。	⑦ かいたり，つくったりすることを楽しみ，遊びに使ったり，飾ったりなどする。
(8) 自分のイメージを動きや言葉などで表現したり，演じて遊んだりするなどの楽しさを味わう。	⑧ 自分のイメージを動きや言葉などで表現したり，演じて遊んだりするなどの楽しさを味わう。
3 内容の取扱い	**（ウ）内容の取扱い**
上記の取扱いに当たっては，次の事項に留意する必要がある。	上記の内容の取扱いに当たっては，次の事項に留意する必要がある。
(1) 豊かな感性は，身近な環境と十分に関わる中で美しいもの，優れたもの，心を動かす出来事などに出会い，そこから得た感動を他の幼児や教師と共有し，様々に表現することなどを通して養われるようにすること。その際，風の音や雨の音，身近にある草や花の形や色など自然の中にある音，形，色などに気付くようにすること。	① 豊かな感性は，身近な環境と十分に関わる中で美しいもの，優れたもの，心を動かす出来事などに出会い，そこから得た感動を他の子どもや保育士等と共有し，様々に表現することなどを通して養われるようにすること。その際，風の音や雨の音，身近にある草や花の形や色など自然の中にある音，形，色などに気付くようにすること。
(2) 幼児の自己表現は素朴な形で行われることが多いので，教師はそのような表現を受容し，幼児自身の表現しようとする意欲を受け止めて，幼児が生活の中で幼児らしい様々な表現を楽しむことができるようにすること。	② 子どもの自己表現は素朴な形で行われることが多いので，保育士等はそのような表現を受容し，子ども自身の表現しようとする意欲を受け止めて，子どもが生活の中で子どもらしい様々な表現を楽しむことができるようにすること。
(3) 生活経験や発達に応じ，自ら様々な表現を楽しみ，表現する意欲を十分に発揮させることができるように，遊具や用具などを整えたり，様々な素材や表現の仕方に親しんだり，他の幼児の表現に触れられるよう配慮したりし，表現する過程を大切にして自己表現を楽しめるように工夫すること。	③ 生活経験や発達に応じ，自ら様々な表現を楽しみ，表現する意欲を十分に発揮させることができるように，遊具や用具などを整えたり，様々な素材や表現の仕方に親しんだり，他の子どもの表現に触れられるよう配慮したりし，表現する過程を大切にして自己表現を楽しめるように工夫すること。

コラム

「表現を育む人」になる　―造形の視点から―

　教員・保育者養成課程の講義においては，学生達に保育者を「表現を育む人」として説明します。子ども達の感性を伸ばすためには，次の8つの項目を理解し，自信をもって「表現を育む人」になってもらいたいと願います。

１．子どもの造形表現の発達過程について理解すること

　　発達に応じた子どもの造形表現の特徴を理解しておくことが大切です。（例：頭足人，基底線，図式期の表現など）

２．他の「領域」との関連を図りながら，造形活動ができること

　　「領域」は保育内容の「範囲や枠」を示したものにすぎません。各領域で学習したことを常に総合的に捉えて活動するように意識しましょう。（例：歌の絵本づくりや身近な材料で楽器づくり，音と動きを色や形で表現するなど）

３．扱う材料・用具の特性を知り，工夫して造形活動ができること

　　紙コップ，ペットボトル，お菓子の空き箱などの身近にある材料などの特性をよく知り，子ども達の表現の幅が広がるよう工夫することが大切です。（例：クレヨンで細い線をひくために削って尖らせる，セロハンテープは劣化を考えて作品表面に多用しないなど）

４．安全の配慮と正しい材料・用具の使い方を理解して造形活動ができること

　　ハサミで針金を切るなどの不適切な用具の使用や，誤った管理などを行わないように，正しい材料・用具の使用法を身につけ，安全に対して配慮することが重要です。その他にも，「造形」の基本的な用語の違い（絵を「描く」と文字を「書く」，「創造」と「想像」，「着想」と「発想」と「構想」，「素材」と「材料」，「技術」と「技能」）を理解することも大切です。

５．色彩について理解し，造形活動に生かすこと

　　色の属性，色料の三原色，色の対比などの色彩についての基礎的な内容を理解し，子ども達の造形表現の援助に生かせるようにしましょう。

６．モダンテクニック（絵画技法）について実践を通して理解すること

　　スクラッチ，マーブリング，スパッタリング，デカルコマニーなどの表現の幅を広げる技法について実践的に理解し，教育・保育の現場でどのように展開していくかを考えましょう。

７．「おりがみ」を20通り以上折ることができること

　　おりがみの基本的な折り方や流行のキャラクターなど，壁面装飾にも生かすことができるよう，最低20通りは折り方を覚えておきましょう。実習などで初めて出会う子ども達とのコミュニケーションのきっかけづくりにもなります。

８．動物や昆虫，草花などをそれぞれ10種類以上描くことができること

　　絵の苦手な人は，最初はイラスト・カット集などをまねても構いません。何回も描きながら少しずつ自分のオリジナルに変えていきましょう。「模倣」は子どもの活動においても大切であり，「描ける」「描けた」という自信につながります。

　　　　　　　　　　　　　　　　　　　　　　　　　　　　　　　　　　　　　（矢野　真）

第 5 章
「感性」をひらく！とっておきエクササイズ31

手の感覚だけで粘土遊びを楽しむ

　子どもの感性が豊かに育まれるような保育を計画するためには，保育者自身の感性も豊かに培われていなくてはなりません。この章には，感覚を研ぎ澄まし，感性を磨くための様々なエクササイズが用意されています。

　感覚をひらくエクササイズや五感をむすぶエクササイズを繰り返し体験しながら，あなた自身の感性をひらいていきましょう。

感覚をひらいてむすぶ
―本章での実践はどのようなことを意味するのか―

私達の日常を取り囲んでいるもの

私達は言うまでもなく今という時代を生きています。その私達の日常を改めて見直してみます。例えばあなたは，今朝起きて学校に来るまでに何を目や耳にしてきたでしょうか。

ベッドから手を伸ばして時刻を確認した携帯，髪をチェックした洗面所の鏡，テレビからの声と湯沸かしポットのランプの点滅，流れ去る車窓の景色にイヤホンからの音楽，それに混じって聞こえる車内アナウンス，友達からのメール，遠くを駆け抜ける小学生のペタペタした足音や歓声，街頭演説の拡声器…いつも当たり前のように接しているもの。改めて思い起こしてみると，何とめまぐるしい断片の集積でしょう。それは音声や視覚情報の複雑なパッチワークです。同時に大半が人工の音や色の洪水であることに気づきます。

私達は高速交通と情報通信の技術によって，何百キロも離れた所に到達できる足を，何万キロも離れた出来事を目撃し世界中の人と話せるような目と耳と口を持っています。しかし，同時にこのことは私達の感覚を断片化し，自身の身体がこの広い世界の網の目の中に溶けているかのように感じさせもするのです。

人間本来の感覚のかたち

では，このような高速移動や情報伝達の手段が発達していなかった，幾世紀も前の人々の視聴覚的日常を考えてみましょう。

まず，朝起きてから夜眠りに就くまでが，言わばカット割りなしのワンシーンであったでしょう。そのような時間的連続性の中で，視聴覚現象が身体的行動と密接に結びつき，他の感覚（触覚，嗅覚，味覚等）と強く関連していたことが想像できます。

しかし，これは昔の人だけが持っていたものでしょうか。乳児期の視知覚の発達や開眼手術によって視力回復した人の例などを見れば，私達が当たり前に「見えている」と思っていることが，いかに様々な行動体験とむすびついたものであるかに気づくはずです。「聞こえている」についても同様です。つまり，光や音の刺激を目や耳が受け取っても，体験に基づいた知覚能力が共に働かなければ，見ることも聞くことも成立しないのです。また，そうして身につけた能力で，人工的な映像や音声も感受し理解しているのです。

感覚を閉ざすもの

「…窓を見るときはいつも，窓のよろい戸が私の目の前で閉じられているように見えたのです。そのよろい戸は，白・青・緑・黄色・赤の絵の具を混ぜあわせたような奇妙なゴチャゴチャしたものでした……まるで戸外を見るのを邪魔するために，この多彩な色のよろい戸で窓が閉められているみたいでした。その時私が見たものは，野原であり，丘であり，家であったのですが，その後，散歩しながら確かめてみると，大きく見えたものが実際は小さかったり，小さく見えたものが実際は大きかったりして，ずいぶん違っていました…」

19世紀ドイツ，幼少期から16歳に至るまで地下牢にいたと推測されるカスパー・ハウザーという青年の証言です。監禁生活から解放されて保護された当初の様子を数年後に振り

返って語ったものとされています。

私達は監禁されてはいません。単調な地下牢の眺めではなく、種々の媒体を通してかつてない程の大量の音や光に触れてきました。世界中の情報が目の前にあります。隣町の出来事も、地球の裏側の出来事も、まるですべてのものが遠近を失ったかのようにして…。逆説的ですが、私達もまた、閉ざされた平板な光景を見ているのです。

感覚をひらく

クロード・モネの「国会議事堂、日没」という絵があります。ロンドンのテムズ河畔にある議事堂が、黄から橙、朱へと変化する夕空の中で、緑、青、菫に彩られています。

モネには同種同名の作品が多数ありますが、ここで取り上げたのはナショナルギャラリー（ワシントン）所蔵の1903年作のものです。ぜひ画集などのカラー図版で見てください。

Claude Monet
Le Parlement de Londres,
soleil couchant (1903)
National Gallery of Art,
Washington DC

普通、人は夕焼けの中で物を見てもその固有色を見間違うことはありません。光源による色の偏りを無意識に補正して感じ取るからです。これを色知覚の順応といいます。しかし、モネはこの順応のスイッチを自在に外せる人でした。すると、夕陽に輝く空とそれを反映する川面の間にそびえる石造建築は朱に輝き、また緑や青や菫に滲んで見えたのです。

この絵を見て、私達は「実際の夕景」の豊かな色彩世界に改めて気づくのです。

人間は成長過程の中で、多様な行動体験を通じて外界の刺激を感覚として受け取り、それを解釈する知覚能力を身につけます。しかも現代に生きる私達は、実体験のみならず、様々なメディアを通した、つまり他者によってあらかじめ解釈された刺激に囲まれて成長し、その知覚能力がより強化・固定されていきます。さらに、行動体験が未だ不十分な幼少期に、テレビやゲーム機などを通した刺激が大量に与えられているのです。それらの情報は今や飛躍的に増加し、眼前に投げ出されているかのようです。

私達は、ここで一旦、自身の身体感覚をゆっくり解きほぐすような体験を必要としています。それは、ちょうどあのモネのように、どこかのスイッチを切って感覚をひらくことなのです。そのことがこの世界の豊かさに改めて気づき、子どもの表現と向き合う新しい可能性を切り開く手がかりとなるでしょう。

五感をむすぶ

本章では「感覚をひらく」体験への様々なアプローチが提示されます。触る、見る、聞くなどを軸にしますが、重要なのはそれらを切り離さずに全身で感じようとする姿勢です。

人間は自身の感覚を五感に弁別し高度な表現を築いてきました。しかし、実際には各感覚が単独で機能するのではありません。表現とは、身体という内なる自然を大地として根を張り、五感にむすびついている果実なのです。

身体全体で世界を感じようとすることは、決まった解答を見つける勉強とは違います。これらの体験をしながら、時には全く別の方向へと興味が湧いてくるかもしれません。脱線を恐れる必要はありません。自分の身体を丸ごと行き先の見えない世界に投げ出すような、少しの勇気をもって取り組んでください。

（鷹木　朗）

1．身体感覚をひらくエクササイズ　（1）自分の身体の存在を知る

１ 呼吸に母音をのせる

「呼吸」を考えよう

皆さんは普段「呼吸」のことを意識したことがありますか？　ここでは，「五感を通して感覚意識が刺激されることによる呼吸」を体験しましょう。自分の身体や他人の身体を意識的に知ると，エネルギーが生じ，呼吸の妨げとなっている緊張や習慣（癖）を取り除くことができます。こうして，身体をリラックスさせることへと導きます。

では，始めましょう！

EX1　身体と呼吸を意識しよう

2人組になって相手の背中に両手の手のひらを当ててみましょう。呼吸（動き）を感じたら，次は肩に手のひらを当てましょう。お互いに触れたところ，触れられたところが温かく感じられましたか。これは，意識がその場所に集中できた証です。このようなエクササイズを繰り返し行うことで，手が触れていなくても身体と呼吸が意識できるようになります。

EX2　呼吸と身体の連動を感じよう

呼吸は目で見ることができないので，呼吸を声にしてエクササイズを行います。お互いに向き合って3mほど離れます。

①ボールがきれいな弧を描くように「おーい」と言いながら相手に届くように放ってみましょう。このときに「おーい」という声のベクトルとボールの描く弧が一致するように感じて放るようにします。何度かやりとりします。

②ボールは同じような弧を描くように放りますが，声は「おい」と短く発してみましょう。

①に比べて②は放りにくさを感じたのではないでしょうか。このように呼吸（声）と身体は連動しているのです。次は本格的に呼吸に母音をのせて表現しましょう。

EX3　呼吸に母音（a/i/u/e/o）をのせて表現しよう

発声の際には次のことに意識を向けて集中しましょう。

①大げさにゆっくりと発声する

②どのような器官や筋肉を動かして音声を発しているか（調音音声学）

③発せられた音声が空気中でどのように反響するか，わずかな変化も感じられるように集中する（音響音声学）

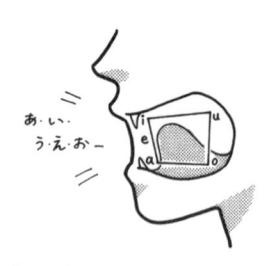

【図1】母音の発音と舌の位置

④空気中を伝わってきた音声は，どのように聞こえているか（聴覚音声学）

【図1】に示したように，日本語の母音は（a／i／u／e／o）の5つとされます。発音するには，口内に示された母音の位置に声帯で作られた原音を一度素早く当て，外へスムーズに流れ出ていく感覚をつかみ，発音しなければなりません。さあ，【図1】を見ながら発音してみましょう。美しい発音で話すには，止まらない呼吸でスムーズに母音を発音することが大切です。

（ガハプカ　奈美）

1. 身体感覚をひらくエクササイズ　（1）自分の身体の存在を知る

② 呼吸を使ったコミュニケーション

声でリズムを感じよう

　無意識を意識的なものに変えることによって，自由に声色を操ったり，声に変化をつけることができます。

　例えば，自分では思いきり恐い声で怒っているつもりでも，伝わらないことはありませんか？　また，絵本を読むときに自分なりに抑揚をつけて読んでいるつもりなのに，反応がいまひとつだなぁ，と感じることはありませんか？

　このような問題は，呼吸を整え無意識な呼吸を意識することで解決します。

　　　　　　では，始めましょう！

EX1　流れる呼吸を体験しよう

　8秒かけて息を吐き，4秒かけて吸うという呼吸で歩いてみてください。
「ストップ！」
　息が止まっていませんか？

　さあ，もう一度，今度は「ストップ」という声がかかっても呼吸が止まらないように，常に意識して歩いてみましょう。

　次は，その呼吸に声をのせてみましょう。まずは「あ」の母音からです。息が吐かれている間，母音を延ばします。

　うまくできるようになったら，他の母音でも試してみましょう。

EX2　様々な相手に対する呼吸を考えよう

　次の相手に「おはようございます」を伝えてみましょう。

①幼稚園の担当クラスの子ども達
②幼稚園の園長先生
③保護者

いかがでしょう。それぞれの相手によって無意識に距離を測り，特にことばを発する直前の息遣いが変化したと思います。例えば，①はクラス全員の顔を見渡してから「おはようございます」と発しますから，深く長い呼吸を感じるはずです。また，②は目上の方に対する尊敬の念などを感じ，襟を正すかのような呼吸で素早くことばを発します。最後に③は，子どもを安心して預けられるように落ち着いた安定感のある呼吸を感じ，ゆっくりと通る声でことばを発するでしょう。

　では，「幼稚園の担当クラスの子ども達」を例にあげて，「おはようございます」ということばを発するまでには，どのようなことが行われているかを詳しく見てみましょう。

第1段階	全員そろっているかを確認する
第2段階	子どもの体調などを確認する
第3段階	大きく深く吸う
第4段階	「おはようございます」
第5段階	第3段階と同じ速度で再び吸う

　②や③においても同じように5段階に分けて呼吸の流れを考えてみましょう。私達は様々な場面で会話の相手と時間や空間の共有を呼吸によって行っています。

　まさにこれがコミュニケーションです。最近ではメールでのやり取りが増えていますが，やはり大切な相手とは，目を合わせ，呼吸を感じて時間も空間も共有したいものです。

　　　　　　　　　　　　（ガハプカ　奈美）

1．身体感覚をひらくエクササイズ　（1）自分の身体の存在を知る

3　声のいろいろ　―まねっこしてみよう―

人や動物の声やモノの音を巧みにまねるモノマネのプロは，耳がとてもよいことは間違いありません。さて，まねるときにどのようなことをまねているのでしょう。まず，声にはどんな特徴があるのでしょうか？

声の高さ，大きさ，質を知る

生まれたときに赤ちゃんは，イ（A：440Hz）くらいの高さで泣くと言われます。それからしばらく声の男女差はありませんが，小学校の高学年になると，男の子は数か月から1年をかけて声変わりをし，女の子の声より1オクターブ程度低くなります。

声の大きさは生まれつきの部分と，声を届ける気持ちが大きく影響します。

声質を言い表すには「だみ声」「ハスキーボイス」「透き通るような声」「野太い声」など，いろいろな表現がありますね。

声の高さも声質も生来のところはありますが，発声の仕方（共鳴のさせ方）で，ずいぶん印象が変わります。人とコミュニケーションをとる仕事をする人は，基本的に表現の幅を広げることが大切です。

特に教育者や保育者にとって，子ども達に声かけをしたり，絵本を読んだりする場合の声の表現は重要です。声を出すことに自信がもてるように，いろいろな声を出す練習をしてみましょう。

では，始めましょう！

EX　まずは，動物のまねをしてみよう

ここでは，声まねをして自分の声を知ることで，声の表現の幅を広げられるように，いろいろな声を出してみます。

①友達とまね比べをしてみましょう。

声を出すこと自体を楽しむことがコツです。一人では評価できませんから，動物をまねた友達の声を評価し合いましょう。

②サイ，バクなんてどんな声で鳴くのでしょう。You-Tubeで聞いて，練習してみましょう。

意外に高い声ですよ。珍しい動物の鳴き声を知っていることは保育者になったときに自慢ができます（理科教育の知識としても大事な意味があります）。教育者や保育者は自然や環境に常に耳を開いて，いろいろなモノの音を知っておいてほしいものです。

また，自分自身の身体に目を向けると，口腔，鼻腔の共鳴の位置や量，のどの奥の開け方（形状）で，声質を変えることができます。自分の声帯をどのように使えば，どのような声が出るのかを知ることは，子どもを知ることにもつながっていきます。（声帯については本章26「声の伝達，声の遠近感覚」参照）

（坂井　康子）

音痴は何が原因でしょうか？

歌うときに音がはずれてしまう人でも「つくりうた」をつくって歌ったり唱えたりするときはとても上手に歌えます。音痴は音程が正しく取れない状態ですが，旋律とことばの関係が悪いことが原因の場合もあります。まず，ことばに近いとなえうた（わらべうた）を歌ってみるところから始めてみましょう。高さをうまく捉えられない人は，冷静に高さを「聴く」ことから始めましょう。楽器に合わせて歌うことは，特に難しいので，人の声に合わせる練習がオススメです。

1．身体感覚をひらくエクササイズ　（1）自分の身体の存在を知る

4 声の表現　—ささやき声…，届く声—

　声を出してみましょう。「あーーーー」
「息」を出していますね。息を止めていては声がでません。のどに手を当てて，息だけを出す，声を出す，息だけを出す，声を出す，と交代でやってみましょう。「Hー，あー，Hー，あー」，「あー」の時は手に振動が伝わります。「あー」の時は声帯が振動しているのです。「Hー」と息を出しているだけの時には声帯のすき間が空いていて【図1】，声を出すときには無意識にいい感じで声帯のすき間が閉じます【図2】。このいい感じの閉じ方が大切です。きつく声帯を閉じると声帯に負担がかかってしまいます。

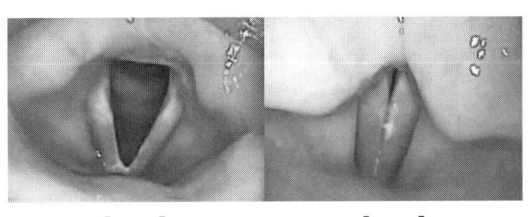

【図1】　　　【図2】

　声を出すために必要なことは3つあります。一つは「肺」：肺から空気を出すこと。次には「声帯」：肺から出た空気はノド仏の位置にある「声帯」の間を通り，声帯を振動させます。あと一つは「共鳴」：声帯で振動して出る音が，気管や口腔，鼻腔などに共鳴して声が出ます。

ささやき声を使う

　「ささやき声」とは声帯を振動させない，無声音で話す声を言います。ささやき声は小さい音量なので，近くの人にこっそり話す時に使う話し方ですね。でもいろいろな場面でささやき声を使ってみてください。意外にささやき声は相手に聞こうとしてもらえる声です。

届く声を出す

　届く声とはどのような声でしょうか。人が一列に並んでいるとして，何人目の人に話しかけているかは，声の大きさとともに顔の向きや目線で表現されます。これはクラスの大勢の子ども達に対しても同じで，一人ひとりの顔を見て表情豊かに声の指向性に気をつけて話しかけましょう。また，声を届けたい意志が必要です。しかし，目線も指向性もしっかりできていても，実際の声が小さくては少し距離があると聴き取ることができません。届く声を出すための練習方法を2つだけあげてみますので，届く声を実現しましょう。

　　　では，始めましょう！

EX　「ムダな息」を出さず，響く声をみつけて長く声を出そう

(1) 蚊になったつもりで，最小限の息で，「んーーー」と小さい声でハミング20秒！

(2) 同じく小さい声で，ほんの少しだけ口を開けて，「うーーー」と20秒！

　響く声を20秒伸ばすことができれば，届く声で声かけができるようになります。歌う子ども達の声に埋没せず，子ども達に聞こえる声で歌えるようになります。

子どもの息の長さを知る

　子どもの息の長さと大人の息の長さは大きく異なります。歌うときには子どもの息の長さに合わせて，うまく息継ぎをさせてあげることが大切です。

（坂井　康子）

1．身体感覚をひらくエクササイズ　　（1）自分の身体の存在を知る

5 ボディ・パーカッション

　太古の昔から人びとは，手を打ち鳴らし，足を踏み鳴らして喜びや悲しみを表現してきました。身体から出る音は，私たちにとって最も身近な楽器であるといえます。このように身体を打楽器としていろんな音を出すことをボディ・パーカッション（身体楽器）といいます。まず，身体を使って出せる素敵な音をたくさん発見してみましょう。
　　　　　では，始めましょう！

EX1 手を使っていろいろな音を出してみよう

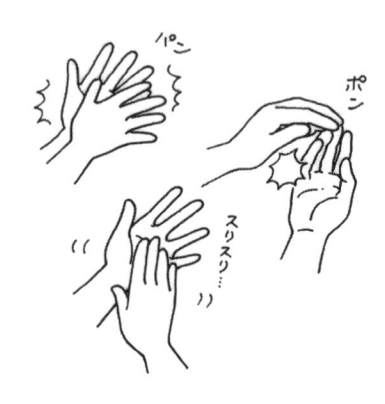

EX2 身体のいろいろなところを叩いてみよう

EX3 足を使っていろいろな音を出してみよう
　　　　口を使って面白い音を出してみよう

EX4 身体の音を使っておしゃべりしてみよう

※お互いの音やリズムをまねっこしても楽しいですね。

EX5 音を組み合わせてパターンを繰り返そう

EX6 身体の音を伴奏にして，歌ってみよう

（平井　恭子）

1．身体感覚をひらくエクササイズ　　（2）耳を澄ます、目を凝らす

6　環境を聴く　—音日記をつけてみよう—

耳をひらいて，音環境に意識を向ける

　私達の日常には様々な音が溢れていますが，普段は多くの情報を視覚に頼っているため，一つ一つの音が意識化されることはほとんどありません。外界の音をシャットアウトして常にイヤホンから流れる音楽に聴き入ったり，必要な音だけを情報として捉えようとする現代の人々に，シェーファーは「聴くという行為は一つの習慣になってしまっていて，私たちは聴き方を忘れてしまっているようだ。私たちは自分たちをとりまく世界の驚異に対して耳を研ぎ澄まさなければならない。鋭い批判力をもった耳を育もう」と呼びかけています（シェーファーについては第2章10を参照）。

　豊かな音の世界に意識を向けて耳をひらき，環境を耳で捉えましょう。

　　　　　では，始めましょう！

EX1　聴こえた音を書き出してみよう

　教室で1分間目を閉じて，周りの音に耳を澄ましてみましょう。どんな音が聴こえますか？　聴こえた音をすべて紙に書き出してみましょう。教室以外の場所でも何回かやってみると，意識的に音を聴く練習になります。

EX2　キャンパスの音聴き歩きをしよう

　いくつかコースを決め，ノートと鉛筆を持ってキャンパスに出てみましょう。前を歩く人の足音が聞こえないくらいの間隔をあけて歩き，音を書き留めていきましょう。教室に帰ったら，自然の音（N），人間の出す音（H），機械の音（T）に分類して，周りの友達とリストを見比べてみましょう。

EX3　音日記をつけてみよう

①1週間のうち，4〜7日間を選んで音日記をつけましょう。書き出した一日の音日記から，以下の6つの音をあげてみましょう。
  a. 朝起きてすぐに耳にした音
  b. 朝外へ出て一番に耳にした音
  c. ゆうべ寝る前に最後に耳にした音
  d. 今日一日の中で一番気に入った音
  e. 今日一日の中で一番嫌だと感じた音
  f. 今日一日の中で一番美しいと感じた音

【表1】音日記をつけよう

	月　日	月　日	月　日	月　日
a.				
b.				
c.				
d.				
e.				
f.				

②日記の音を発生源で分類してみましょう。

【表2】音日記を分類しよう

	月　日	月　日	月　日
自　然			
人　間			
機　械			

③【表1】と【表2】から音環境についてわかったことや感想などを発表してみましょう。

④a〜fの6種類の音を，コンテパステルを用いて1枚の画用紙に表してみましょう。

→本章18「音環境を描く」エクササイズへ

（岡林　典子）

1. 身体感覚をひらくエクササイズ　（2）耳を澄ます、目を凝らす

7 目を閉じて歩く・走る　―見えないものを見てみよう―

EX1の用意：綿ロープ（直径12mm 長さ30m程度），軍手，アイマスク
EX2の用意：安全な靴，体育館マットなど　　時間：6人程度のグループに分かれて，EX1，2の合計90分

▶目を閉じてみる

「口をあけ目を閉じて」という作品を美術館で見たことがあります。荒川修作という人が作りました。正面の壁に大きなキャンバスが掛けられ，その前に様々な材料で作られた，かなり急な傾斜の台があります。台にはロープが付いていたので，それを使って斜面をよじ登りました。キャンバスには謎めいた文字や線が描かれていますが，なにぶん「目を閉じて」とあるので見ることはできませんでした。目を閉じているため，斜面に立っているだけでも少し不安な感覚です。口をあけてみました。暖房の乾いた空気が口に入ってきます。床から1m強の高さにいるのですが，ふわふわした感覚で高さのない世界に浮いているような気がしました。もう20年前のことなのですが，今もその感覚を覚えています。そして，この作品の題名もまるで歌のフレーズのように頭に響いています。

普段私たちは視覚情報に多くを頼って生活しています。しかし，ここではあえて視覚を遮断することによって見えてくるものを体験してみようと思います。

では，始めましょう！

EX1　目を閉じて歩こう

森（公園や学校の緑地など）の中で樹から樹へとロープを張ります。軍手と目隠しをして，そのロープを伝って歩いてみます。聴覚や嗅覚などを頼りにロープの終点まで目指します。この体験を「感覚のドライブ」と名付けている人もいます。

EX2　目を閉じて走ろう

体育館のような安全で広い場所を確保します。一人が目隠しをしてスタート位置に立ちます。前方3m程のところに，3人くらいでその人を受け止めるために立ちます。スタート位置では後ろの人が走る方向を示して軽く背中を押してあげます。ジョギングするように前方の人たちに向かって走ってみましょう。全速力では危ないので注意してください。交代しながら，少しずつ距離を変えてみます。その感覚の変化を味わいましょう。

▶目を閉じて見る

人間の感覚を五感と言いますが，それだけに分類できないことに注目しましょう。平衡感覚や内臓感覚（例えば空腹感）もあります。また，認知的な意識と組み合わせて感じられる位置や方向などの空間感覚，自分の姿勢や運動に関する身体感覚もあります。

今回の体験では，音や風や匂いやその他様々な「気配」を感じながら目的地へと向かうことになります。そのとき「見えた」ものをしっかり感じ取ってみましょう。

（鷹木　朗）

1．身体感覚をひらくエクササイズ　（2）耳を澄ます、目を凝らす

8 ものと出会う ―身の回りのものをあらためて観察してみよう―

用意：同じ大きさの小さな紙袋（12×20cm程度），筆記具と報告用紙（各自）
時間：EX1に45分～1時間，2，3に30～45分

生まれて初めて見たもの

　生まれて初めて見た空はどんな色だったでしょうか。初めて見た樹は葉っぱがしげっていたでしょうか。初めて見た電車，初めて見たエンピツ，…残念ながら思い出せそうにありません。多分その時は「空」「葉っぱ」「エンピツ」という言葉も知らなかったでしょう。

　しかし考えてみると，そんな出会いは赤ちゃんの時だけではないはずです。私たちは無数の「もの」に囲まれて生きていますが，それら全部に初めての出会いがあり，実は今日も多くの新たな出会いを経験しているのです。

　ここでは，そうした「もの」たちに，改めて挨拶してみるような体験を試みましょう。

　　　　　では，始めましょう！

EX1　散歩しながらものを拾おう

　紙袋を提げて45分間程の散歩に出かけましょう。ゆったりとした気持ちで歩きます。ただし一人で行動しましょう。電話でのおしゃべりもやめましょう。そして，一つ「もの」を拾って紙袋に入れて持って帰ってきます。手のひらに載る位の小さなものを誰にも見られないように拾います。特に珍しいものをと考えなくても大丈夫です。何気なく目に留まったものを拾ってきます。帰って来ても紙袋は開けないこと，そして，誰にも中身を見せないでください。

EX2　ものを交換して観察しよう

　教室に戻ったら，全員が一つの大きな輪になるように，輪の内側を向いて座ります。みんなが揃ったところで，持って帰って来た紙袋を自分の左隣の人へ渡し，右隣の人から紙袋を受け取ります。つまり，全員の紙袋が拾った人ではない隣の人に渡るのです。タイマーを3分間にセットし，合図とともに紙袋から「もの」を取り出します。3分間は全感覚を動員してその「もの」を体験してください。見た目はもちろん，手に持った重み，手触り，振って音を聞いたり，匂いを嗅いだり…，そして，タイマーが鳴ったら，その「もの」を再び紙袋に戻します。

EX3　出会いの記憶を記録しよう

　報告用紙を配り，今3分間体験したものについて，それから自分が拾ってきたものについて，スケッチと文章で記します。「もの」は取り出さず，記憶を辿ってできるだけ詳細に，それとの出会い，その特徴，感じたことを報告してください。その「もの」の名前は書かないでください。自分が今日地球に到着した宇宙人になったつもりで，その「もの」について書いてください。最後に全員の報告書を並べて皆で読んでみましょう。

（鷹木　朗）

1．身体感覚をひらくエクササイズ　（2）耳を澄ます、目を凝らす

9　距離を見る　―見えなくなるまで，聞こえなくなるまで離れてみよう―

用意：様々なサイズと色の色紙，ナイロンロープ（太さ6mm 長さ200m程度），携帯電話（グループ内の連絡用）
時間：4～6人程度のグループに分かれて，90～180分（なるべくのんびりと）

見えるけれど聞こえない

例えば，川の対岸の人に話しかけようとした時に，姿ははっきり見えているのだけれど声は届かない，というような経験をしたことはありませんか？　一般的に認知可能な距離は，声を聞くよりも姿を見る方が大きいですが，水音で声がかき消されるなどの環境的要因もそこにはあるかもしれません。

今の時代ならそんな時きっと携帯電話を使って話すのでしょう。さらには，お互いの姿を動画で見ながら会話することもできるので，具体的な人間同士の距離について考える機会はますます減っているのかもしれません。

そこで，ここでは原始的と言ってもよいような，人間同士の具体的で空間的な距離について，感じてみる体験をしてみましょう。

では，始めましょう！

EX1　見えなくなるまで離れよう

一人が色紙を持って他の人たちから遠ざかるように歩いていきます。時々振り返って色紙をかざします。他の人たちから色紙が見えなくなるには，どの位離れる必要があるでしょうか。大きさや色によっても違うでしょう。

EX2　聞こえなくなるまで離れよう

今度は一人が手を叩きながら歩いていきます。他の人たちにその音が聞こえなくなるのはどの位の距離でしょうか。また，その距離から大声で叫んだら聞こえるでしょうか。

EX3　離れてひもを引っ張ってみよう

お互いにナイロンロープの端と端を持って徐々に離れてみます。地面に垂れずにひもを引っ張り合えるのはどの位の距離でしょう。一方がクイッと引っ張って，もう一方の人がそれを感じ取れる距離はどの位でしょう。

その他　距離を感じる方法

以上の実験は，その日の天候や音環境などによっても様々な結果となるでしょう。また，手を叩く人数などの条件を変えてみても違いが出て面白いと思います。

そのようなことを参加者で話し合いながら，他にも面白い方法があるか考えてみましょう。

耳を澄ます，目を凝らす

今回の体験では，参加者の中でも視力の良い人や聴力に優れた人や声の大きい人など，それぞれの個人差も感じられると思います。それと同時に，見えるか見えないか，聞こえるか聞こえないかという境目に意識を集中すると，私たちを取り巻いている環境の様々な要素（光の状態や大気中の蒸気・ホコリなど，音や風の向きなど）にも気づいていくのではないかと思います。

普段「楽をしている」能力をフルに発揮してみる気持ちで楽しんでください。

（鷹木　朗）

1．身体感覚をひらくエクササイズ　（3）肌で感じる

10 手で触れる　—「手触りあそび」で指先の感覚を楽しむ—

用意：土粘土，粘土板，紙やすり（320番，400番），目隠し用のタオルなど
時間：EX1（15分程度），EX2（粘土による手触りあそび20分，生き物づくり50分程度）

触覚を使って再発見する

　造形的な表現活動を行う場合には，主に視覚を働かせると思われがちです。しかし，視覚以外にも手触り，つまり触覚も重要な要素となります。子ども達は触覚からいろいろなことを認識して，視覚や言語にむすびつけています。ヌルヌル，ツルツル，ドロドロ，フワフワなど，子ども達の手触りによる活動を体験的に理解することにより，子どもの気持ちになって造形表現を行うことが大切です。

　　　では，始めましょう！

EX1　「手触りあそび」をしよう

　「手触りあそび」でものの違いを感じてみましょう。光の入らない真っ暗な部屋で行ってもよいですが，ここでは身近にあるタオルを使って目隠しをしながら，指先の感覚を楽しみます。3cm×5cm程度の大きさにした320番と400番の紙やすりを用意します。目隠しをして，指先だけでどちらが320番と400番かを当てます。手触りで400番の紙やすりの方が目が細かいことがわかると思います。10人に1人くらいの割合でわからないことがありますが，その場合は80番と240番のように粗い・細かいの差を大きくして試してください。繰り返し行うことにより，指先だけで質感のわずかな違いを感じることができます。

EX2　手触りだけで生き物をつくろう

　「手触りあそび」の続きとして，今度は目隠しをしながら，粘土だとは告げずに渡します。最初は，恐る恐る指先の感覚だけで確かめていますが，弾力を感じながら形の変わることに気づき，次第に粘土であることがわかります。すると，子ども達と同様に，握る，つまむ，ひねる，ちぎる，丸める，伸ばす，積む，組み合わせるといったことを楽しむようになります。

手の感覚だけで粘土あそびを楽しむ

手触りあそびにより完成した生き物たち

　「手触りあそび」を十分に楽しんだ後，視覚に頼らず，触覚だけで「生き物づくり」を楽しんでみましょう。「手触りあそび」を通して，頭の中でイメージした形を，指先だけでも表現できることがわかるでしょう。

　また，それぞれがつくった生き物を並べ，目隠しをして手触りだけで自分のつくった生き物を当てるなど，手触りあそびを発展させましょう。

（矢野　真）

1．身体感覚をひらくエクササイズ　（3）肌で感じる

[11] 触れて，視る　—見えないものを触って視てみよう—

用意：八つ切り画用紙，鉛筆（2B程度）と消しゴムなど
時間：導入として手のクロッキーを20分，描画自体は30〜45分，鑑賞・まとめを含めて90分程度

見えないものを触って確かめる

　直接見ることのできないものはいろいろありますが，自分の姿もその一つです。確かに鏡は見るでしょう。また，手や足の指などは直接見えます。でも，どんなに首を回しても直接見えない所はたくさんありますね。歩く自分の後ろ姿も見たことはなさそうです。

　よく動画撮影された自分の姿や声を見聞きして，自分ではないような不思議な気持ちになります。それは，自分の頭で思い描いている姿，自分の中に響いている声と，動画の中のそれとが微妙に違うために生じる現象です。

　直接見えないものを視る方法は，鏡や映像の他にもあります。代表的なのは「触って視る」です。目の不自由な人は様々な物を触ることによって観察し認知します。点字も触って読む文字です。誰でも，背中の痒いところを探すときや暗闇の中で行動するときには，多くを触覚に頼っているでしょう。

　ここでは，直接見ることのできない自分の耳を取り上げ，これを触って視てみます。
　　　　　では，始めましょう！

EX 自分の耳を写生しよう

　利き手で鉛筆を持ち，もう一方の手でその手の側の耳を触ります。指先に神経を集中して，耳たぶの形や，その内側の凹凸などを観察します。そして，画用紙いっぱいに大きく描いていきます。もちろん，色や光の具合は見えませんが，柔らかいところは柔らかく，凹んだところは凹んだように，鉛筆でどうしたら表現できるか工夫して描き表していきます。耳は形が複雑で，しかも人それぞれ少しずつバランスが違います。ずっと耳に触りっぱなしでは疲れますが，時々触るのを休んでは画用紙に集中するというリズムで，できるだけ丁寧に描いてみます。描画時間は30〜45分が適当でしょう。

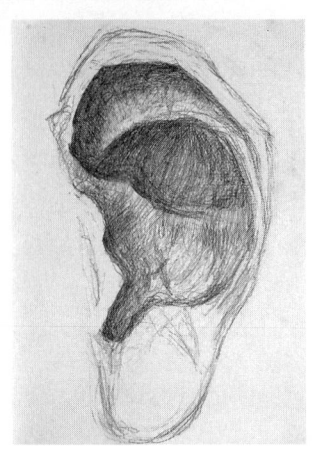

触れて，視る

　視覚の一つの特徴は，時間軸から自由であることです。眼はパッと一瞥することで全体を捉えることができます。しかし，これは「視たつもりになって結局視ていない」ことにもしばしばつながります。触れて視ることは，部分部分を少しずつ確認して進めなくてはいけませんから，時間がかかります。

　写生・スケッチなど「視て描く」ことを意味する言葉はたくさんありますが，見たものを描こうとするときは，まるで見えないものを触るように目を使い，それを鉛筆や筆を動かすことで確認しながら描き進めています。

　そして実は，「目で見えている」以上の，そのとき感じた様々な感覚や，経験的に知っていることなどを総合しながら描いているのです。あえて見えないものを描くことで，「視て描く」ことの本質を体験しましょう。

（鷹木　朗）

1．身体感覚をひらくエクササイズ　（3）肌で感じる

12 音に触れる

　音が鳴っている太鼓の前に立ったとき，ビリビリしたり，風が身体に当たるように感じた経験はありませんか？　これは，音を伝えるための空気の振動です。このように音は，目に見えませんが，触ったり感じたりすることはできます。身近な楽器である声や身の周りにあるものの音を，身体で感じてみましょう。

　声が出るときは，まず呼気が喉にある声帯を通り，声の源がつくられます。それが喉の奥や口，頭などにある共鳴腔（響きをつくる空洞部分）で拡大されて，声が発せられます。

　声が響いていることを実際に身体で感じてみましょう。

　　　　では，始めましょう！

EX1 **声に触れよう：声は身体のどんなところで響いていますか？**

(1)歌っている人の喉や胸，背中などに触れてみましょう。【写真1】

(2)自分が歌っているときにも，顔や喉や胸などに触れてみましょう。

　声は身体からどんなふうに響いているか，感じてみましょう。

EX2 **音に触れよう：身近なものが出す音はどのように響いていますか？　声の響きを利用して遊べるおもちゃや楽器を作りましょう。**

(1)紙コップとたこ糸を使った糸電話を作り，相手の声を聴いてみましょう。

(2)筒状のお菓子の容器でカズー（南米の楽器）を作り，音の響きを感じてみましょう。

(3)紙コップの底に穴をあけてタコ糸を通し，先端に金属のスプーンをくくりつけ，もう一本のスプーンで静かに叩いてみましょう。コップの中で響く音はどんな感じだったか話し合いましょう。【写真2】

(4)大きな太鼓を叩いてみましょう。【写真3】

　マレットやばちで太鼓を叩き，片方の手で太鼓の表面を触ってみましょう。太鼓の響きはどんなふうに感じられましたか？

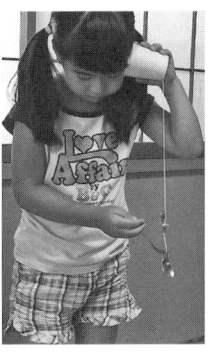

【写真1】　　　　【写真2】 　　　【写真3】

　耳で聞いた音と身体できいた（感じた）音はどんな違いがありましたか？　感じたことを話し合ってみましょう。

（平井　恭子）

1．身体感覚をひらくエクササイズ　　（3）肌で感じる

13 匂いを感じる

用意：杉・桧・楠のピース（h 40×w 25×d 6mm），150番・320番の紙やすり，ビーズ，紐など
時間：EX1（20分）とEX3（70分），EX2（20分）とEX3（70分）で共に計90分

■ 自然環境からの発見

子ども達の感性を育てる環境づくりには，子どもが木の枝や葉，また水たまりなどの自然環境から発見するさまざまな事がらに保育者として共感していくことが大切です。ここでは，自然環境の要素をテーマに，「匂いを感じる」ことを体験してみましょう。

EX1 「身近な木」に手と鼻で触れよう

自然の木の幹や枝，花・実・葉など，園庭や近隣の公園などに出かけ，さまざまな木々を見つけながら，それぞれの手触りや匂いを感じてみましょう。楠のような枝や葉などに強烈な匂いのするものもあれば，落葉する葉だけが甘い飴のような匂いがする桂など，木による匂いの違いを感じてみましょう。

EX2 「木のピース」に手と鼻で触れよう

杉・桧・楠のピースを用意し，アイマスクで目隠しをしてから最初に杉のピースを配り，匂いでモノを認識します。次に桧のピース，その次に楠のピースを配り，どのように匂いが違うか感じてみましょう。楠は匂いが強烈なため，ほのかに匂う杉から始めると，匂いを段階的に感じることができます。

匂いの違いやその特徴を把握できたら目隠しを取り，150番と320番の紙やすりを受け取ります。このとき，楠は匂いが強く桧や杉に影響するため，回収して袋に入れます。

杉のピースを150番の紙やすりで軽くやすり，再び匂いを確認します。次に桧のピースを配り，同様にやすりをかけて匂いを確認します。どのように匂いが違うかを話し合ってみましょう。

EX3 「森のかけら」を手と鼻で触れよう

「森のかけらのお守りづくり」

桧のピースを150番の紙やすりだけを使って，手触りや形がよくなるよう，各自好きなだけやすります。角を取る，丸める，厚みをなくすなど，匂いを感じながら自分だけの形を見つけます。形ができてきたら，次に320番の紙やすりを使ってツルツルになる感触を楽しみます。紙やすりが完成したら，用意したビーズや紐を使って匂いのお守りにします。

本実践では，木についての知識を獲得する以上に，木に対する興味や，木を使ったさまざまな表現について気づくことが大切です。

（矢野　真）

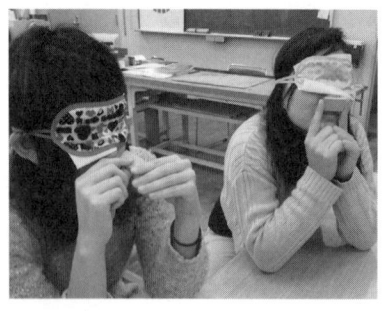

目隠しをして匂いに集中する

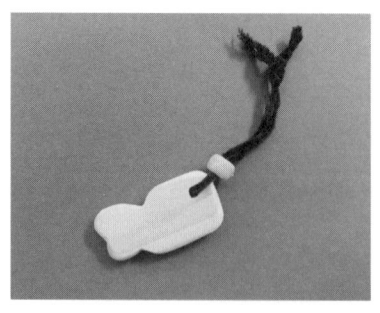

「森のかけら」で完成した作品

1．身体感覚をひらくエクササイズ　（4）場所を感じる

14 物を置く，場所と出会う　―物を持って出かけよう―

用意：ありふれた日用品（人数分を揃える），カメラ，筆記用具
時間：計画と準備に90分，報告会に90分（10人程度のグループに分かれて行う）

身の回りの物たち

普段，私達は様々な物に囲まれて生活しています。それらの物たちは，それぞれの持ち場でそれぞれの役割を果たしています。その物たちをいろんな場所に連れ出してみましょう。どんな出会いが待っているでしょうか。

では，始めましょう！

EX1　みんなで物を連れて歩こう

数名から10人程度のグループに分かれます。その中で相談して持って行く物を決めます。決まったら，その物を持ち寄って，外へ繰り出します。どこに置こうか，どう並べようかと提案し，相談しながら写真を撮っていきます。みんなで写真を撮りながらキャンパスや街を歩いて，楽しみましょう。

EX2　報告会をしよう

グループで撮った写真をまとめ，その日の体験，出会った人や物や出来事を報告します。

場所と出会うこと

私達は普段からいろいろな場所を行き来し生活しています。そのような場所に，「普通は，そこにはない物」を置いてみます。あるいはたくさん並べてみます。シュルレアリスム美術におけるデペイズマンの手法に通じるやり方ですが，このワークでは，単に「物と場所があり得ない出会いをする」という以上の意味があります。

どこに置いて写真に撮ろうか，どんな風に並べてみようか，とみんなで相談するうちに，見慣れた場所も違う姿を見せてくるのがわかるでしょう。物が場所と出会う以上に，私達が場所と出会うのです。また，活動をしている自分達が，周りの人たちに見られていることも意識しないわけにはいきません。

本当に変わっていくのは物でも場所でもなく，私達自身なのです。

（鷹木　朗）

1. 身体感覚をひらくエクササイズ　（4）場所を感じる

15 空間を身体で測る　―自分たちの身体で空間の大きさを確かめよう―

用意：ゴミ袋（容量45Lの透明あるいは半透明の無地のもの，2000枚ほど），はさみ（各自）
時間：10時間程度（集中講座2日分のエクササイズ）

◆空間を知ること

　普段見慣れた部屋でも，改めてその空間のボリュームを直感的に捉えようとすると，案外難しいものです。また，空間は物と違って，その姿かたちを直接見ることもできません。

　そこで，身体的な活動を通じて，空間の姿や容積を，実感として見たり感じたりすることのできるものにしてみましょう。

　　　　　　では，始めましょう！

EX1　ゴミ袋を膨らませよう

　部屋の中で，ゴミ袋（透明あるいは半透明の無地のものが良い）を息で膨らませます。十分膨らんだら口を固く結びます。大きな風船のようになりますから，それを自分の周りに転がします。一つできたらもう一つ，さらにもう一つと膨らませていきます。

　一気に膨らまそうとしても，息があがるばかりでたくさん膨らますことはできません。ゴミ袋の開口部をすぼめて自分の口に当て，ゆっくりと鼻から部屋の空気を吸い，口からゴミ袋に吐き出します。深呼吸をするような感じです。これを根気よく続けます。

　ゴミ袋の口を開いて，空中でパタパタと泳がせればある程度まで楽に空気が入りますが，あまりその方法に頼らないで，なるべく自分の息で膨らましたいものです。

　疲れたら休憩します。あまり先のことを考えずに，ただ無心に淡々と一定のペースで活動を続けるようにしましょう。徐々にみんなの周囲がゴミ袋で埋まっていきます。その量（かさ）がだんだん高くなっていくでしょう。

EX2　ゴミ袋風船の中を歩こう

　ゴミ袋の風船が部屋を満たして天井に達するか，用意したゴミ袋がなくなるか，みんなの体力が限界にくるかしたら，膨らますのを止めて，そのゴミ袋風船の中を歩いてみます。ぼんやりした深い霧の中を泳いでいるような感覚かもしれません。

EX3　後片付けをしよう

　体験が終了したら，作業の始まりから体験を終えるまでの間に感じたことを忘れないように書き残して，部屋を元通りに片付けます。結び目をはさみで切り取って袋を畳みます。もちろんゴミ袋として再利用しましょう。

この演習を準備するにあたって

このワークはかなりの時間と労力を必要とします。筆者の経験では，20人が小会議室程度の部屋（30〜40㎡位）で行うとして，丸2日（約10時間）で天井まで満たすことができ，およそ2000枚のゴミ袋が必要です。ゆっくり談笑しながら活動を進めますが，活動の最中は皆，意外と集中してくるものでした。

ゴミ袋の口の止め方は，手で固く結ぶのが一番よい方法でした。

世界を身体で測る

今回の体験は，部屋に存在した空気を吸い込んで，自分たちの肺を通してゴミ袋に吹き入れる，つまり部屋の空間量を自分たちの肺を通して測ったのだと言えます。みんなが息をした分だけ，みんなの疲れた分だけ，そこに空間が存在したのです。

これは少し変わった方法でしたが，本来，人間は自分の身体を使って，それを基準に世界を測ってきました。今，私たちが普段使っているメートル法は地球の大きさから割り出した単位ですが，それが世界基準となる前は，どこの国・地域でも，人間の身体を尺度の基準とした単位が使われていました。中国・日本などの尺やイギリスなどのフィート，ポンドという単位はよく知られるものです。

ところで人の身体は，大きさや形などがそれぞれ少しずつ違います。だからメートル法のような身体とは関係のない統一基準もある訳ですが，自分自身の実感という点ではむしろ人それぞれ違う方が正しいのかもしれません。だって，小さな子どもの時は，大人はすごく大きく見えたし，家はとても広かったでしょう？　そこでもう一つの体験として，他の人と身体尺度を交換する，ということが考えられます。例えば各自の歩幅を測り，その長さのひもを作ります。人の歩幅のひもを両足首にくくり付けて歩いてみるのです。大きなお兄ちゃんの歩幅で歩くのはどんな感じ？小さな子どもの歩幅で歩くのはどんな感じ？

（鷹木　朗）

1．身体感覚をひらくエクササイズ　（4）場所を感じる

16 光の色で場所をつくる　—光の色を空間に満たそう—

EX1の用意：チャック付きビニール袋（大小合わせて1人20枚程度）時間：90〜180分
EX2の用意：色セロハン（単色大判を100枚程度），養生用テープ（半透明），脚立　時間：180分

光の存在に気づく

　私たちは，この宇宙に放射されている電磁波のうち，波長がおおむね740〜380nm（ナノメートル）の範囲を光として感じ取ります。電磁波自体に色はありませんが，人間は可視光線の中の周波数の違いを様々な色として知覚します。つまり，私たちの目が世界を光に満ち溢れたものにし，彩っているのです。ここでは，みんなで光の色を見る空間をつくり，世界が光に溢れていることを実感しましょう。

　　　　　　では，始めましょう！

EX1　落ち葉のステンドグラス

　チャック付きビニール袋を持って，木立の間を散歩します。いろんな落ち葉を拾って袋に一枚ずつ入れます。見上げた梢の葉っぱの色も観察します。

　部屋に戻り，みんなの袋を窓ガラスに養生用テープで貼っていきます。落ち葉の色を見ながら，みんなで貼り方を相談して活動しましょう。部屋の照明は落とします。光を透かした葉っぱの色はどんな風に見えるでしょう？　部屋の雰囲気はどんな風に変わったでしょうか？

　暗くなったら，今度は教室の電気を点けて外から眺めてみるのも面白いと思います。

EX2　セロハンでつくる色の世界

　部屋の窓ガラス全部に色セロハンを養生用テープで貼っていきます。窓の大きな明るい部屋が良いでしょう。照明は消しておきます。

　次第に部屋は色の光に満たされていきます。活動が終わったら，部屋から外に出てみましょう。それから，また入ってみましょう。部屋と自分にどんな変化が現れましたか？

いつもの場所が違って見える

　この2つのEXは，どちらも自分たちの活動によって起きていく変化が大切です。もう一つ大切なのは，普段見慣れた教室で行うことです。活動の時間と変化の時間の重なりが，私たちを新しい世界に連れて行きます。

　この「新しい世界」は何か違う別の場所ではなく，いつもの場所で自分たちが見ていなかったものに出会う，あるいは，見ているのに気づかなかったものに出会う体験なのです。

（鷹木　朗）

1．身体感覚をひらくエクササイズ　（4）場所を感じる

17 場所を生み出す　―作業を重ねて場所に働きかけよう―

用意：各自が方法を考えて必要な物を準備しておく
時間：EX1, 2　それぞれ180分（活動日以前に導入し，各自の計画と準備の期間を置く）

作業を積み重ねること

　小さな作業をこつこつと積み重ねてみる。例えば，地面に小石を並べてみる……一つ一つはささやかな行為でも，それを積み重ねていくと，その場所全体が変容するような可能性をもっています。これまでのいくつかの体験にも，やはり何らかの意味で，作業を積み重ねて場所を生み出すものがありました。ここでは，同じ行為を積み重ねていくことに重点を置いて，積極的に場所に関わっていく方法を考えましょう。

　　　　　では，始めましょう！

EX1　作業：点を打とう

　私たちが生きて動いている実際の世界の中に，直接「点を打つ」方法を考え，実行します。例えば，針で紙に穴をあける，錐で木を突く，タガネで石を穿つ，小石を地面に置く，豆電球を壁に光らせる…などが考えられます。

　一つの点で，「位置」が生まれ，「場所」が発生します。点を連ねれば，「線」が生まれ，「方向」が発生します。ある範囲を点で埋めれば，「面」や「ひろがり」が生まれます。そして，点を打つという行為の繰り返しがリズムを生み，「時間」を刻むことにもつながります。

　他にも2本の線の交点など理念的な点の存在が考えられますが，ここでは，点を「打つ」という身体的な行為に着目して，このことを体験したいと思います。

　具体的には，各自が点を打つ方法（○○に△△で点を打つ）を考えてください。その方法で「点を一つ打つ→点を連ねて線にする→線から面にする」と展開していき，最終的にある範囲を点で埋めてみましょう。

EX2　作業：線を引こう

　今度は同様に「線を引く」行為を積み重ねる方法を考え，実行してみます。「打つ」と「引く」との感覚の違いも味わいましょう。

写真上：落ち葉を集めて点を打つ
写真下：チョークの線でコンクリートの中庭をうずめる

場所が発生するということ

　「場所」は物体ではありません。物と物の隙間というような意味の空間でもありません。眺めのいい場所，気持ちの落ち着く場所など私たちは日常の中でいろんな場所を知っていますが，それらは自分が居なければ「何もない」のです。人間が物や人と出会うことによって，初めてそこに「場所」が生まれるのです。働きかけることで「場所」が発生するプロセスを体験しましょう。

　　　　　　　　　　　　　（鷹木　朗）

2．五感をむすぶエクササイズ

18 音環境を描く　—キャンパスの音環境を描こう—

用意：コンテパステル（12色セット），白画用紙（八つ切），画板，クリップ
時間：散策（音の取材）と表現する位置の特定30分，鑑賞・表現60分

→本章⑥「環境を聴く」エクササイズの後で

見慣れた空間を，耳で見直す

あなたが毎日，学生生活を送っているキャンパスはどのような空間ですか？

そう尋ねられれば，いつも通る正門から講義を受けに行く○○棟や教室，友人と語らいながら楽しく過ごす食堂や中庭など，見慣れた光景やキャンパスマップが，すぐに思い浮かび上がるのではないでしょうか？

人によっては，正門わきの垣から漂ってきた金木犀の香りとともに，構内の情景が現れたかもしれませんが，私たちの空間のイメージは，そのほとんどが視覚の情報に頼って形づくられています。

しかし，言うまでもなく空間を感受し，探る手立ては視覚だけではありません。先ほどあげた臭覚や，触覚，聴覚も大きな役割を果たしていますが，残念ながら私たちはその感覚を眠らせて，気づくことなく毎日を過ごしていると言ってよいでしょう。

皆さんは，本章⑥「環境を聴く」で「音日記」をつけ，日常の身近な音に耳を澄まし，これまで何気なく聞き過ごしてきた音に気づきました。そして，その音から感じ得た様々な感情をことばばかりでなく，色と形でも外に表し，目に見えるようにしました。（作品例【図1】【図2】）

その体験を踏まえ，今度は見慣れたキャンパスの空間の広がりを，一つ一つの音のみではなく，音相互の関わりを手がかりにして表してみましょう。

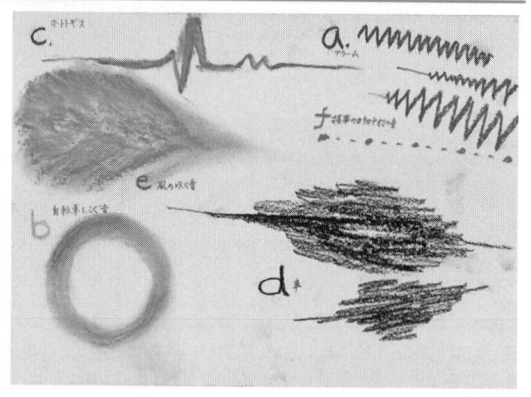

【図1】　音日記を描く①
左上：ホトトギスの声　　右上：アラームの音
左中：風の吹く音　　　　右中：携帯をカチカチ打つ音
左下：自転車をこぐ音　　右下：車の音

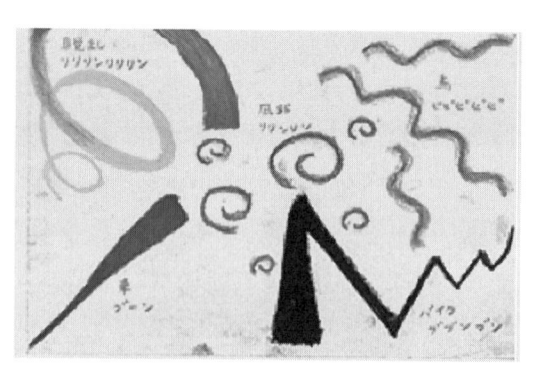

【図2】　音日記を描く②
左上：目覚まし　　中：風鈴　　右上：鳥の声
左下：車　　　　　右下：バイクのふかす音

音の感情をコンテパステルで描く

鋭い音，鈍い音，やさしい音，明るい音，暗い音，高い音，低い音，軽い音，重い音，強い音，かすかな音，切れた音，響く音

あなたの感情に作用した印象を，コンテの色や筆圧や筆触を工夫して表しましょう。

では，始めましょう！

EX キャンパスの音環境を描こう

(1) **耳でキャンパスを散策する**

さあ，画板に画用紙を留め，コンテパステルを持って外に出ましょう。

いつもは始業時間を気にしながら目的の教室に急ぐ空間を，今日は耳を澄ましてゆっくり歩きまわりましょう。そして立ち止まったり座り込んだりして，その場所に響く音に耳を傾けましょう。静かに佇んで耳を傾けてみると，思いがけないほど遠くの音が聴こえてきたり，今まで聴いたことのない意外な音を見つけたりします。時には目を閉じて，両耳を手のひらで包んで，自分の後ろに広がる音を集めてみても面白いですよ。

あなたは様々な音から，どのような空間としてキャンパスを感じましたか？

(2) **場所を決めて音の空間を画用紙に描く**

場所を決めて聴いた音を描いてみましょう。同じ場所でも時間や季節によって，音がつくりだす空間は異なってきます。

描くにあたり下記の4つのルールを設定します。

①画用紙は縦横自由に用いてよい。
②音源のある方向と，画用紙の上下，左右の方向を一致させて描く。
③音の相互関係に意識を向け，感じて描く。
④場所と時間を記録しておく。

作品例

【図3】7月14日午後4時頃「音楽棟の玄関前」
気づいた音：（左上から右へ順次）
カラスの羽音，？の音，？の音，風の音，風の音，？の音，？の音，足音，風の音，鳥の鳴き声，？の音，タンクの音，？の音（？：特定できない音源の音）

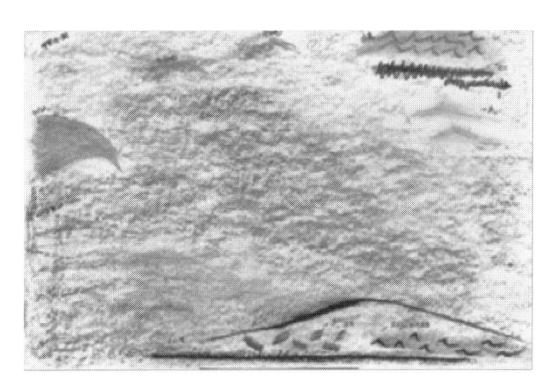

【図4】7月14日午後4時頃「音楽棟のはじっこ（奥）」
背景水色：風の音　背景緑：葉っぱの鞘ぐ音
気づいた音：（左上から右へ順次）
カラス，カラス②，カラス③，小鳥の声，セミの鳴き声，鳥の声，バイクの音，友達Sさんの足音，友達Iさんの足音，機械音

（山野　てるひ）

2．五感をむすぶエクササイズ

19 リズムや旋律を描く ―楽器の音を描こう―

用意：コンテパステル（12色セット），1名につき八つ切画用紙1枚と半裁したものを6枚程度用意する。
時間：90分

楽器の音を色や形を使って表してみよう

その場で消えてしまう楽器の音を，目に見えるように視覚化して，記録したものが「楽譜」ですが，私たちが小学校から慣れ親しんでいる「五線譜」は，「楽譜」の表し方の一つに過ぎません。等間隔5本の線を用いた「五線譜」では，相対的な音高や音の長さが非常に合理的にわかりやすく示されます。けれども感情に直接訴える音色や音の響きといった音の質を表すには，強弱記号や発想記号に頼らなければなりません。

そこで，西洋音楽の伝統的な「五線譜」とは異なる方法で，色や形を用いて楽器のもつ音色や音の強さ，響きをあなた自身の感覚を通して表してみましょう。

描画材の特徴を知ろう！

コンテパステルは幼児教育の場でも用いられる描画材ですが，初めて使う方も多いかもしれませんね。同じ棒状絵具でもパスやクレヨンと違い，油分や蝋分がなく，サラサラとした質感とともに発色もきれいです。混色も簡単にできるので，多様な音色や音響を表現しやすい描画材です。

特徴のある四角い形状や混色のしやすさを生かした表し方ができるように，事前にいろいろと試して，コンテパステルの材料に親しんでおきましょう。

では，始めましょう！

EX1 リズムを描こう
　　　―音と点・線・形・色―

(1) 8拍のまとまりのあるリズムを描こう

ウッドブロックを木のばちで叩いてつくる強弱や休符を含んだ8拍のリズムを描いてみましょう。【譜例1】【図1】

(2) 残響のある音のリズムを描こう

音源として，シンバルをソフトばちや木のばちを用いて叩く，擦るなどして残響をつくり出したものを提示します。それぞれの音を聞いて色や形をイメージし，ふさわしいパステルの色を選んで描きましょう。【譜例1】【図1】

(3) 高低のある音のリズムを描こう

音高の違うウッドブロックをばちで叩いて音を提示します。音高判断の練習を数回行ったあとで描きましょう。【譜例2～4】【図2】

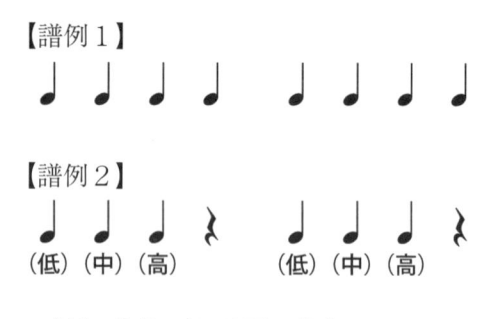

【譜例1】

♩ ♩ ♩ ♩　♩ ♩ ♩ ♩

【譜例2】

♩ ♩ ♩ 𝄽　♩ ♩ ♩ 𝄽
(低)(中)(高)　(低)(中)(高)

　（高）音高の高い楽器で奏する
　（中）中くらいの音高の楽器で奏する
　（低）音高の低い楽器で奏する

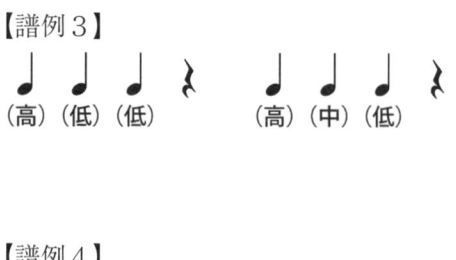

【譜例3】

♩ ♩ ♩ 𝄽　♩ ♩ ♩ 𝄽
(高)(低)(低)　(高)(中)(低)

【譜例4】

♩ ♩ ♩ ♩　♩ ♫ ♩ 𝄽
(低)(高)(低)(高)　(低)(中)(中)(中)

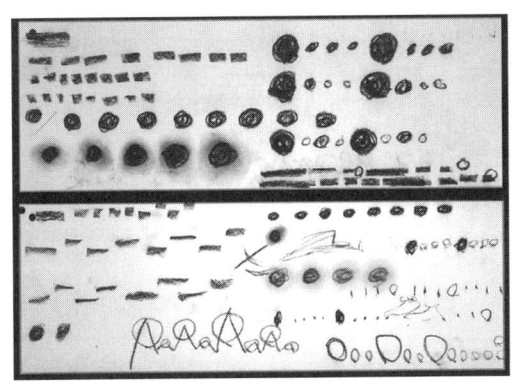

【図1】8拍の音のまとまりを描く

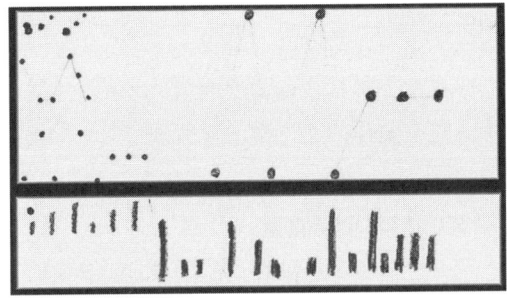

【図2】高低のある音のリズムを描く

EX2 旋律を描こう
　　　―音と点・線・形・色―

(1)旋律の高低を描こう

　ピアノより提示される上向形の旋律，下向形の旋律，上下する旋律などを，色と形で表しましょう。【図3】

(2)強弱のある旋律の高低を描こう

　(1)の課題に強弱を加えた旋律を聴き，強弱を感じながら描きましょう。【図4】

(3)余韻の残る旋律の動きを描こう

　ダンパーペダルを使用したピアノによって提示される以下の3つの音の動きを感じて描きましょう。①-【図5】，③-【図6】
①ペンタトニック（5音音階）
②全音音階
③クラスター（こぶしで鍵盤を押す弾き方）

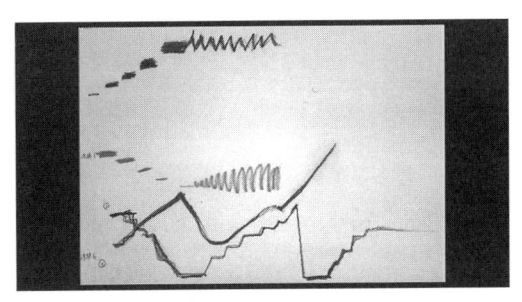

【図3】旋律の高低を描く

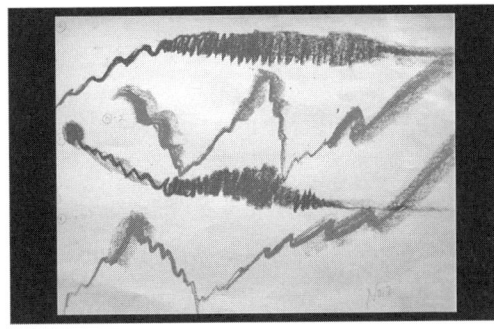

【図4】強弱のある旋律の高低を描く

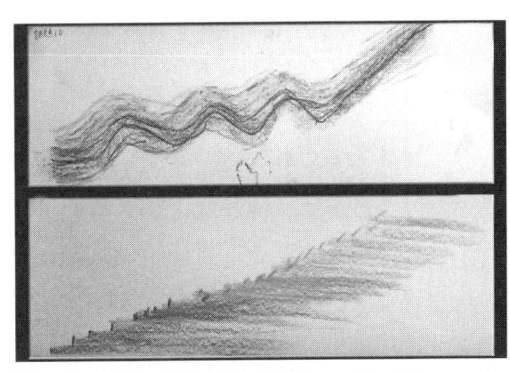

【図5】余韻の残る旋律を描く―ペンタトニック―

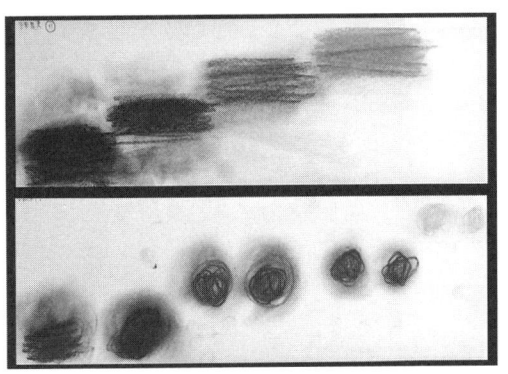

【図6】余韻の残る旋律を描く―クラスター―

(山野　てるひ)

2．五感をむすぶエクササイズ

20 音具で曲をつくり，図形楽譜に表す

用意：段ボール箱，空き缶，ペットボトル，ラップの芯，輪ゴムなど，絵の具，B1の画用紙
時間：音具づくり90分，曲づくり90分，図形楽譜づくり180分と演奏・発表30分

皆さんは，本章19のエクササイズで音のリズムや旋律を五感を通して捉え，五線譜とは異なる方法で，色や形を使って表してみました。その体験を踏まえ，音と素材，曲と色や形との関係を感じ，音楽づくり，楽譜づくりに挑戦してみましょう。

音の出るしくみ（発音原理）を知る

音具とは，西洋音階の楽音を奏でるための楽器とは異なる音響を出す道具を言います。音具をつくるためには，**発音原理**の知識が必要となります。①吹く・吸う，②叩く・打つ，③擦る・引っかく，④振る，振り回す，⑤弾くなど，音の出るしくみを知り，様々な素材を用いた音具をつくりましょう。

では，始めましょう！

EX1　音具をつくろう

5～6人のグループに分かれ，身近な廃材や日用品を材料として各自で音具を製作しましょう。できる限りグループで多様な発音原理をもつ音具をつくりましょう。

製作にあたり，意味のない装飾は避け，頑丈に美しくつくることを心がけましょう。

EX2　曲をつくろう

完成した音具を用いて，グループで音楽づくりをしましょう。以下のことに留意し，豊かな発想と見通しをもって曲をつくりましょう。

①音色やリズム，速度など，音楽を特徴づける要素を活かす。

②つなげる，重ねる，繰り返すなど，音楽の形式やそれに至る方法を考える。

③構成や全体のまとまりを工夫する。

音楽を特徴づける要素

・音色，リズム，速度，旋律，強弱，音の重なり，拍の流れやフレーズ

基本的な音楽の形式

・ロンド形式：挿入部を挟んで，主題（A）が何度でも現れる。（A-B-A-C-A-B-A）

・二部形式：2つの部分からなる。
2つの部分の関係には反復（AA），修飾的反復（AA'），対比（AB）がある。

・カノン：同一の旋律を複数の声部が一定の時間間隔をおいて模倣する。

【写真1】　音具を用いて曲づくりをする学生

【写真2】　図形楽譜づくりをする学生

CD『音楽をつくる』(監修・解説　坪能由紀子)のなかの≪雨≫≪木片≫≪ハウス・ミュージック≫などは，曲づくりの参考となります。リズムや音の重なりの面白さや音色の違い，全体的な曲のイメージなどに注意を向けて聴いてみましょう。

EX3 図形楽譜を描いて，演奏しよう

　創作した自分たちの音楽を，色や形に変換して，演奏しましょう。グループ発表にも挑戦してみましょう。

図形楽譜とは

　伝統的な五線譜とは異なる，図形によって表記された楽譜。1950年以降，偶然性の音楽や電子音楽など，伝統的な五線譜による記譜が必ずしも適さない音楽ジャンルにおいて積極的に導入された(『音楽中辞典』音楽之友社，2004)。

現代の図形楽譜には

　(1)五線譜を図案化したもの
　　　：S. ブソッティ，J. ケージ
　(2)図形と五線譜記譜法を併用したもの
　　　：L. クプコヴィッチ，M. シェーファー
　(3)全面的に図形によるもの
　　　：小杉武久，T. ジョンソン，R.H. ラマティ

などがあるので参考にしてみよう。

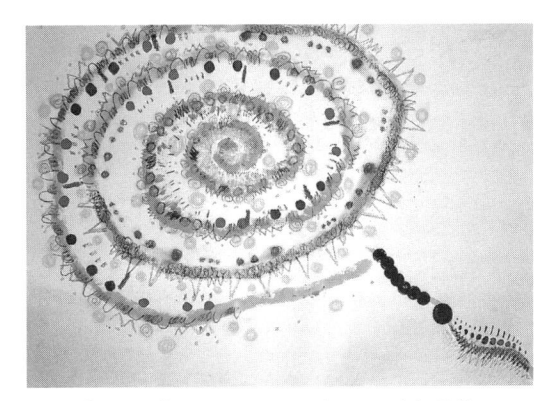

【写真4】　完成した学生の図形楽譜①

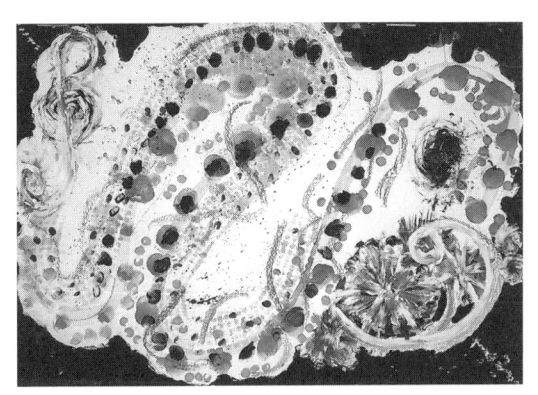

【写真5】　完成した学生の図形楽譜②

【写真6】　完成した学生の図形楽譜③

【写真3】　図形楽譜をもとに演奏する学生

(岡林　典子)

2．五感をむすぶエクササイズ

21 音楽を動きで表す

用意：《Lollipop》のCD，CDデッキ，楽譜，軍手，手袋など

音楽と身体の動きは，非常に密接に関わっています。例えば，好きな歌を歌っているとき，または楽しい音楽を聴いているとき，身体が自然に動き出す感覚は，誰でも一度は味わったことがあるのではないでしょうか。音楽に合わせて身体を動かすことは，音楽をより深く理解したり感じたりする上で非常に効果的です。

では，始めましょう！

EX1 音楽"Lollipop"を聴いてみよう

《Lollipop》について

この曲は，1958年にヒットしたアメリカン・ポップス／オールディーズです。歌っているのは，女性4人組のヴォーカル・グループ"The Chordettes"。映画「スタンド・バイ・ミー」(1985)の中で使われたり，日本ではキリンビールのCMで使用されるなど，時と世代を超えて世界中で愛されています。

音楽をはじめて聴いたときの驚きや発見はとても大事です。音楽を作曲する人は，音楽の中にいろんなメッセージやアイディアを盛り込んでいます。

EX2 作曲者のアイディアを見つけよう

「ここが好き」と思ったメロディーや，印象に残った音は，どんなところでしたか？グループで話し合ってみましょう。例えば，

①前奏の手拍子からは身体がはずむような，軽快な感じがします。

②「♪ロリポップ，ロリポップ，ローリロリロリ…」が3回繰り返され，4回目の「ロリポップ！」までハモりながらヴォーカルが一人ずつ増えていく部分からは，音に厚みが出てくる感じを受けます。

③ブレイクのところで，「ポン！」という音が使われています（実際には口に指を突っ込んでポンと鳴らしている）。この部分が音楽に緊張感を生み，ユニークかつ印象的な効果をもたらしています。

④男性ヴォーカルが「ボ，ボン・ボン・ボン…」とフィルインを入れる部分は，女性ヴォーカルとは違った声のイメージがあり，まるでコントラバスを指ではじいているように感じられます。

【譜例1】 ≪ Lollipop ≫　　(Words & Music by Julius Dixon and Beverly Ross)

© Copyright EDWARD B. MARKS MUSIC CO. All rights reserved. Used by permission.
Print rights for Japan administered by Yamaha Music Entertainment Holdings, Inc.

EX3 感じたこと，発見したことを動きで表現してみよう。見ている人に，その音楽上のアイディアがわかるように動いてみよう。

(1) **声が重なって「音に厚みが出てくる感じ」は，身体の動きでどのように表現できますか？**

〈アイディア〉

同じ動きをする人数を増やしてみましょう。

「♪ロリポップ，ロリポップ…」
　１回目は一人が動きはじめる

「♪ロリポップ，ロリポップ…」
　２回目はもう一人が同じ動きに加わる

「♪ロリポップ，ロリポップ…」
　３回目はさらにもう一人が加わり，３人で同じ動きをする。

【写真１】最初の一人が動き始める

アイディアの応用

人数が増えていく面白さは，よく知っているお話にも使われていますね。お話と音楽をコラボレーションして，登場人物が増えていくのに合わせて，音を増やし音楽でお話を表現してみましょう。

（「大きなかぶ」「金のがちょう」「てぶくろ」など，人数が増えていくお話が使えそうですね。）

(2) **メロディーが流れている部分と，ブレイク部分（リズムやメロディーが一時的に停止した空白部分）は，身体の動きでどのように表現できますか？**

〈アイディア〉

ブレイクのときは，身体の動きを止め，一斉にインパクトのあるポーズをしてみましょう。

「ポン」の音に似合うポーズを考えましょう。

(3) **身体全体の動きではなく，指先や手，腕の動きだけで，どのように音楽を表現することができますか？**

〈アイディア〉

軍手や手袋をはめて，手のダンスに挑戦してみましょう。

【写真２】軍手をたこに見立てたラインダンス

※**手の動きを使うと，こんな表現も可能になります。**

○指先を使うと細かい音や，長い音など，あらゆる音の動きに対応できる。

○手のいろんな形を利用して，ダイナミクスや微妙なニュアンスが表現できる。

○腕を上下，左右に動かすことで，音の高低，メロディーラインなどが表現できる。

（平井　恭子）

2．五感をむすぶエクササイズ

22 オノマトペ（擬音語・擬態語）の動きを感じる　―声と身体とリズム―

日本語に多くみられるオノマトペ

日本語には，欧米語に比べて多様なオノマトペがあると言われています。子どもはオノマトペを唱えながら手や身体を動かしたり，線や図を描いたりして，リズミカルな音の響きや動作の面白さを楽しんでいます。オノマトペを声に出してみると，どのようなリズムや動き，速度や勢いが感じられるでしょうか。まずはその特徴を知り，五感を通して感じ，声や全身を使って動きで表してみましょう。

オノマトペの区分

オノマトペには**擬音語**と**擬態語**があります。**擬音語**は，動物など生きものの鳴き声（ワンワン鳴く），生きものや物体が発する音（ゴクゴク飲む），自然界で発せられる音響（ザーザー降る）などを，言語音で忠実に模倣してことばで表現したものです。

一方，**擬態語**は生きものの動作（ニヤニヤ笑う），容態（ドッシリ座る），感覚（チクチク痛む），感情（イライラする），心理状態（クヨクヨする），事象の状態・変化（キラキラ光る）など，音響とは直接に関わりのないものを言語音によって象徴的に表現することばであると言えます。（『日本語百科大事典』大修館書店，1995）

【表1】動作に関わるオノマトペ

動詞	オノマトペ（擬音語・擬態語）
回る	くるくる，からから，ころん
飛ぶ・跳ぶ	ぴょん，ふわり，びゅーん
落ちる	すとん，どすん，ぽとっ

では，始めましょう！

EX1　動作に伴うオノマトペを探そう

「回る」「飛ぶ・跳ぶ」「落ちる」など，動作に関わる動詞から連想するオノマトペを，【表1】を参考に書き出してみましょう。

EX2　オノマトペを声に出して，リズムや速度，勢いなどの違いを感じよう

オノマトペには規則性があります。声に出してみると，「清音」と「濁音」の違いや，特殊拍と呼ばれる「長音（ー）」「促音（っ）」「拗音（きゃ，しゅ）」「撥音（ん）」により，リズムや動作の勢いなどに違いが感じられます。【表2】でその規則性を確かめ，違いを感じながら声に出してみましょう。

【表2】「オノマトペ」と感覚の規則性

清音：「くるくる」を用いて
濁音（゛）：ぐるぐる 　清音より大きな音やモノに感じられる。 　より多い数や量を表す。 　より活発な動作や激しい動きが感じられる。
長音（ー）：くーるくーる 　物理的に長い音になる。 　母音の長音化は強調を表す。
促音（っ）：くるっ　くるっ 　スピード感や瞬間性，急な終わり方を表す。 　くるりなど（り）形になると，大きさやゆったりした感じが得られる。
拗音（ゃ・ゅ・ょ）：きゅる　きゅる 　数や量が少なく，軽く感じられる。 　形状が細く，小さく感じられる。
撥音（ん）：くるん　くるん 　共鳴や残響を表す。

EX3 オノマトペを五感で感じ，声と動きで表わそう

　4～5名のグループに分かれ，EX1・2であげた動作を表すオノマトペの中から，対比（コントラスト）を感じる2語（例えば，「跳ぶ」と「回る」など）を選び，動きを考えましょう。声や動きの強弱，語勢や速度なども意識しながら，考えた動きをグループごとに発表しましょう。

オノマトペの動きを感じて，表現した例

【写真3】「回る」のオノマトペで動く①

【写真1】「跳ぶ」のオノマトペで動く①

【写真4】「回る」のオノマトペで動く②

【写真2】「跳ぶ」のオノマトペで動く②

【写真5】「回る」のオノマトペで動く③

（岡林　典子）

2．五感をむすぶエクササイズ

23 オノマトペ（擬音語・擬態語）を描く ―声と動きと色彩と―

用意：コンテパステル，白画用紙（八つ切り）1名に17，18枚を用意
時間：45分

→本章22「オノマトペの動きを感じる」エクササイズの後で

音声と身体の動きは切り離せない

幼児は紙の上に描画材を用いて，運動やリズムを視覚的に表出できることの興味から**なぐり描き**を行います。それは同時に紙の白くて四角い「空間の探索」でもあります。

2歳児がオノマトペを発しながら「なぐり描き」をしている様子を観察すると，子どもの声，手の動き，表現された線が緊密につながっていることに気づきます。このように自分の発する音声の様々な属性，つまり高さや長さ，強さや速さなどに身体の動きが無意識に連動し，それが表出や表現となって現れてきているのです。

声を出して自分の動きを感じながら描こう

22のエクササイズを思い出し，提示された「回る・飛ぶ・落ちる」のオノマトペの規則性と意味を対比させながら，動きや色を感じ，イメージしてみましょう。（【表1】を参照）

では，始めましょう！

EX1 「くるくる」（清音）と「ぐるぐる」（濁音）の響きの違いを描いてみよう

(1)「くるくる」を描こう

①普通の声で「くるくる」言いながら描こう。
②だんだん声を大きくしながら「くるくる」を描こう。（クレッシェンド）
③だんだん声を小さくしながら「くるくる」を描こう。（デクレッシェンド）
④だんだん声を速くしながら「くるくる」を描こう。（アッチェレランド）
⑤だんだん声を遅くしながら「くるくる」を描こう。（リタルダンド）

(2)「ぐるぐる」を描こう

「くるくる」の①～⑤と同じ規則で描こう。

EX2 「ゆらゆら」と「ゆーらゆーら」（長音）のリズムの違いを描いてみよう

(1)普通の声で「ゆらゆら」と言いながら描こう【図1】【図2】

(2)普通の声で「ゆーらゆーら」と伸ばして言いながら描こう【図3】【図4】【図5】

EX3 「しゅーっ」（長音＋促音）と「しゅっ，しゅっ」（促音）のリズム，速度，進行の違いを描いてみよう

①普通の声で「しゅーっ」と言いながら描こう。
②「しゅ～っ」と語尾上がりで。【図6】
③「しゅ～っ」と語尾下がりで。
④「しゅっ，しゅっ」と短く切って言いながら描こう。

【図1】「ゆらゆら」を描く

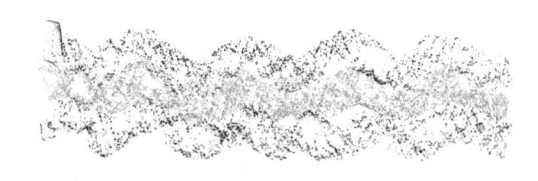

【図2】「ゆらゆら」を描く

【図3】「ゆーらゆーら」を描く

【図4】「ゆーらゆーら」を描く

【図5】「ゆーらゆーら」を描く

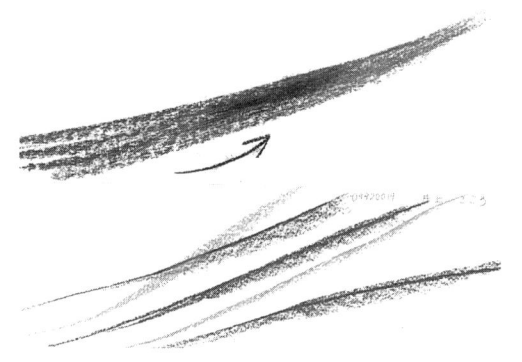

【図6】「しゅ〜っ」を描く

【表1】学生の描画の結果

擬音（擬態語）	音の特徴	筆圧の強さ	手の動き	描画の形	描画の色
くるくる	清音	軽い	声の速度に対応	円形，渦巻き	明清色
ぐるぐる	濁音	強い	声の速度に対応	円形，渦巻き	暗清色，濁色
ゆらゆら	清音	声の高低と相関	声の高低，速度に対応	扇形反復	おおむね明清色
ゆーらゆーら	長音	声の高低と相関	声の高低，速度に対応	扇形反復	おおむね明清色
しゅーっ	長音＋促音	声の強さや速度と相関	声の長短，進行，長さ，速度に対応	長い直線または曲線	おおむね明清色から純色
しゅっ，しゅっ	促音	声の強さや速度と相関	声の強弱，速度に対応	短い直線の反復	おおむね明清色から純色

（山野　てるひ）

2．五感をむすぶエクササイズ

24 絵本の中の音，色，形を楽しむ

駒形克己『ごぶごぶ　ごぼごぼ』（福音館書店，1999年）

近年，音，色，形を楽しむ絵本が多く出版されるようになりました。その中の傑作の一つ，駒形克己作『ごぶごぶ　ごぼごぼ』（福音館書店）を取り上げてみましょう。

では，始めましょう！

EX1 音や色や形を感じて声に出そう

第1場面から第10場面，そして裏表紙までゆっくり絵を見ながら，声に出して読んでみましょう。

絵本は絵画作品とは異なり，時間性と空間性を併せもつ表現形式です。左開きのこの絵本は，常に左から右に時間と空間が流れ，私たちの目も心も左から右へ，次頁へと動いていきます。「ぷく　ぷく　ぷく　ぷくん」，自分の発した音声と絵からどんなことを感じましたか。どんなことでもよいですから場面ごとに気づいたことを書き出してみましょう。

EX2 絵，音，文字から感じ取ってみよう

(1) **形から**：この絵本では，すべての形が円と円の複合体で構成されています。円は最も簡潔で完全な形として，永久運動や生命の根源，宇宙の姿といったものを想起させます。また，一つの場面に登場する異なる大きさの円の対比によって強弱やリズムが感じられます。

(2) **色から**：用いられている色は，朱色（バーミリオン），山吹色（パーマネントイエロー），水色（ペールブルー），群青色（ウルトラマリン）の4種の有彩色と，黒，白を合わせて全部でわずか6色です。色を極力制約することで主張と繰り返しのリズムが生まれます。有彩色のそれぞれに，私たちの感情に働きかける特徴があります。

中でも私たちの目をひきつけるのは，表紙の団子が並んだような先にある朱色です。彩度の高い暖色は視認度が高く，読み手の目の動きをけん引します。10場面のすべてで必ず右頁に配置され，次の頁で起こることを期待させるように誘うのです。読み手はこの朱色の円に強い力を感じて，絵本の主人公であることに気づきます。

また他の3色が背景に使われるとき，山吹色は明るく暖かな光が満ちた空間にいるようですし，水色には澄んだ水や，空や風を感じるのではないでしょうか。群青色は聖なる天上の色，光や音のない永遠の空間を暗示しているようですね。

(3) **しかけから**：最後の場面を除いて，すべての場面には「円の切り抜き」という単純で巧妙な「しかけ」が施されています。これによって前の場面に登場した円が次の場面に登場する円と同一であることや，動きがつながっていることを強く感じるのです。

特に最初の見開き頁では，黄色の円の中心が朱色の円と同じ大きさに切り抜かれる「しかけ」によって，主人公が抜け出した空ろな穴と，飛び出した動きの軌跡を「ぷーん」という音声とともに目が追うようになっています。

(4) **動きから**：この絵本は見開くと，横の長さ

が縦の2倍近くあり，右への水平方向の動きを強く感じます。それぞれの場面では2つ以上の円の配置から，私たちの目は円と円との間を動きます。下から上へ，上から下へ，放物曲線やジグザグ線，弧線など変化に富む動きに導かれます。あたかもいろいろな空間の中を円たちと一緒に動き回っているような気持になりませんか。【図1】

最後の第9場面は静けさが支配するもとの群青色の空間に帰る前触れのように，円は網状に配され，互いが緩やかな均衡をとりながらその場で静かに揺れています。

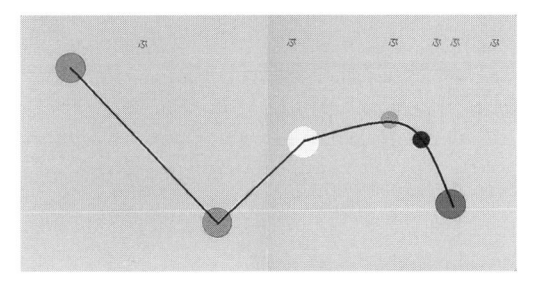

【図1】 第3場面から感じる動き
（図内ムービングは筆者記入）

(5)音から：オノマトペの音から感じとれる特徴をみてみましょう。

①リズム：場面に描かれた円と円の間隔や文字の間隔からは間（ま）が感じられ，声に出してみると明確なリズムが生じてきます。文字の間隔を捉えた間の取り方によって，速度の違いを表現することができるでしょう。

②速度：いくつかの場面には長音（ー）が用いられています。その伸ばし具合によっては速度の変化が感じられます。第1場面の「ぷーん」では，唇に圧力をかけて「ぷ」の破裂音を強く，短く，高音で表現すると，主人公の朱色の円が勢いよく飛び出していく速度が感じられます。また唇の圧力を弱めて撥音

「ん」につなげると，残響が生まれ，主人公がゆるやかに飛ぶように感じられます。

③高低：場面一列に並んだ文字に，音の高低を感じますか。

まずは場面の上方や下方，真ん中に描かれている円に目を向けてみましょう。上方にある円には高い音，下方にある円には低い音を感じてみましょう。すると，一列に並んだ文字に音の高低が浮かび上がってくるでしょう。円が描かれている様々な位置を意識し，音高を感じて声にしてみると，生き生きとした感情が現れてきませんか。

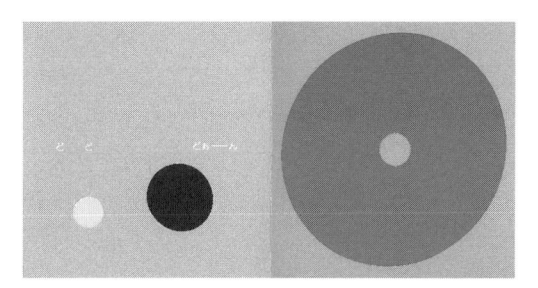

【図2】 第4場面から感じる動き

④強弱：それぞれの場面に描かれている円の大きさの違いにより，音の大小を感じることができます。

第4場面では文字の大きさは変わらないのに，左から順に小・中・大と描かれた3つの円によって，音声は「ど，ど，どぉーん」と次第に大きさを増していきます。【図2】

さらに，第9場面の「さわさわ」や第10場面の「しー」では，無声音を用いることによって音量は弱くなり，静けさが印象づけられます。

さあ，音，色，形の特徴を感じながら声を出して読んでみましょう。28の EX4 へ

（山野 てるひ・岡林 典子・ガハプカ 奈美）

コラム

発音と絵本

＊間違いやすい母音や子音

「おかあさん」や「けいと」のように母音が何重かに連続していると「おかーさん」や「けーと」と母音が抜け落ち，長母音で発音してしまいますね。また，母音の無声化と言って，「つくえ」や「くつ」などの単語は最初の母音は抜け落ち子音のみで発音されます。

美しい日本語の発音にとって母音を正しく発音することはとても大切です。

＊オノマトペによく出てくる子音

①閉鎖音（破裂音）：調音器官の中鎖をつくり，息にためをつくって一気に開放することで生じる音【ば BA・ぱ PA】

②摩擦音：息の通る道を狭めて，息を力で押し出すようにして生じる音【せ SE・ふ FU】

③破擦音：舌先を歯茎につけることによって生じる閉鎖を破って，舌先と歯茎の間を息が通り抜けるときに生じる音【ち CHI・つ TSU】

④はじき音：舌の前部が硬口蓋に触れ，舌先が歯茎をはじくことで生じる音【ら RA】

⑤鼻音：息が鼻腔を通り共鳴することにより生じる音【な NA・み MI】

⑥半母音：閉鎖も狭めもせずに発する音【や YA・ゆ YU・よ YO】

など，いろいろとあります。聞いている人が聞き取りやすい発音で話せるように心がけましょう。

＊母音と舌の動きの連動

普段無意識に発音してきた音をこのように分析的に見てみると何だか難しい気がしますね。でも，絵本等に出てくる擬音には，口の周りの筋肉がスムーズに動いて，発音しやすいように考えて構成されているんです。

本章①に出てきた【図1】をもう一度詳しく見てみましょう。I⇒E⇒A⇒O⇒Uの順で口の中の空間が舌の動きによって広げられているのがわかります。これを絵本のオノマトペに置き換えてみると，本章②で扱う「ごぶごぶ　ごぼごぼ」では見事にオノマトペの母音で，子どもの遊びと認知の原型である「行って帰る」を表しているのです。

このような目線で絵本を見て行くと最初は「読みにくいなぁ」「読み方がわからないなぁ」などと思っていた絵本が意外と読みやすく，あなたのお気に入りの絵本になるかもしれません。

（ガハプカ　奈美）

コラム

「行って帰る」遊びの原型と絵本

＊絵本『ごぶごぶ　ごぼごぼ』は「行って帰る」子どもの遊びや認知の原型

　2～4歳頃によく観察される子どもの遊びに「行って帰ってくる」ことがテーマになっているものがあります。学童期でも「花いちもんめ」や「ひまわり鬼」「かかしけんぱ」なども言うなれば行って帰るだけの行動が様式化されたものです。このことは「行く―帰る」という出来事の発端と終結が基本としてはっきりしているため，行動として再現されやすいのではないかと考えられています（内田1989）。子どもの自立と成長の過程の象徴と子ども達の認識や生活の枠組みに「行って帰る」原型があり，一見ストーリーとは無関係に思われる，本章24で扱った絵本『ごぶごぶ　ごぼごぼ』は，まさにその「お話」の絵本です。

＊『ごぶごぶ　ごぼごぼ』にみられる主人公の冒険と空間を表象する色と形と音

　この絵本の背景の色とオノマトペは強く関係づけられて，色のイメージと音のイメージが共振しています。例えば，第1場面と第10場面にはウルトラマリンを使用し時間のない永遠空間を暗示しますが，第1場面では，「ぷ」という有声軟口蓋破裂音が発声されることで，主人公がそれを破って飛びだそうとする意志さえ感じます。第10場面では，「しー」という無声音として発音可能な子音Ｓを用いることによって，静寂と無限を印象づけられます。

　そして「出発」と様々な経験をして「帰る」という「原型」と母音の動きに眼を向けてみると，場面の進行と前頁のコラムで述べたような母音の動きとが一致していることがわかります。Ｕ⇒Ｏ⇒Ａ⇒Ｉと母音を「奥から前に」発音させることにより，主人公が永遠空間から生まれ出て，また帰還する物語がより強く伝わってくるではありませんか。

（ガハプカ　奈美・山野　てるひ）

場面	1	2	3	4	5	6	7	8	9	10
オノマトペと母音	ぶーん	ぶくぶくん	ぷ	どどぉーん	ごぶごぶ	じゃわ	ぷぶわ	ざぶざぶん	さわ	しー
	U	U	U	O	O(U)	A	U(A)	A	A	I
背景色とイメージ	ウルトラマリン	ペールブルー	パーマネントイエロー	ペールブルー	ホワイト	パーマネントイエロー	ホワイト	パーマネントイエロー	ペールブルー	ウルトラマリン
	宇宙・光や音のない世界	水・空	陽光	水・空	空気	陽光	空気	陽光	水・空	宇宙・光や音のない世界
動き	始動	下から上へ	上から下へ	水平	放射	弧下曲線奥行き	ジグザグ	弧	ネット均衡	静止
物語	出発	活動の予兆	活動	変化1	展開	展開	変化2	展開	活動の終息	帰還

2．五感をむすぶエクササイズ

25 絵本で音あそび

用意：絵本『ふしぎなナイフ』（福音館書店，1997年），『三びきのやぎのがらがらどん』（福音館書店，1965年）
廃材，新聞紙，段ボールなど

絵本を開くと，絵や文字が書かれているのを見ることはできますが，音は聞くことはできません。しかし，絵や文字から心の中で音をイメージしたり感じたりすることはできます。心で感じた音を実際に音にしてみることで，絵のイメージが広がったり，より深く味わったりすることができるのではないでしょうか。タイプの違う2つの絵本を使って，音の可能性を探ってみましょう。

では，始めましょう！

EX1 絵本『ふしぎなナイフ』を使って

(1) 心の中で音をイメージしよう

表紙には，どこにでもある一本のナイフが描かれています。そのナイフがページをめくるたびに，次々に形を変えていきます。ナイフは「ものを切るもの」「金属でできている」「かたい」「つめたい」…などというイメージがありますが，それらの固定観念を裏切って次々に形を変えていきます。現実にはありえない世界だからこそ，自由に想像をふくらませることができますね。

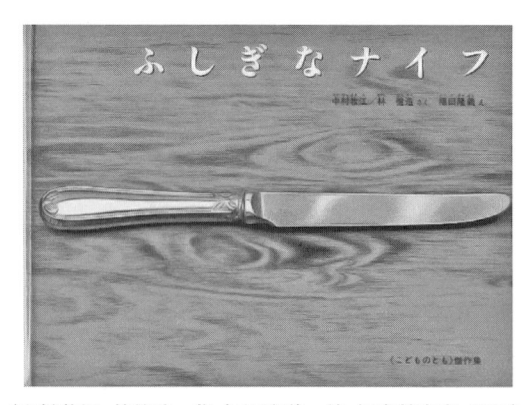

この絵本では，見開き2ページで一つの絵が描かれています。一つ一つの絵を見ながら，ナイフが形を変えていくときの音をイメージしてみましょう。心の耳を澄ましてみると，いろんな音が聞こえてきませんか？

(2) 身近な素材で音を表現しよう

身近には音づくりのヒントになる素材がたくさんあります。イメージに合う音を探してみましょう。

例1）「まがる」【図1】

インスタントラーメンの空き容器でクイーカ（底に穴をあけてタコ糸を通してある）を作り，濡らした布で紐をこすってみる。【写真1】

例2）「ちらばる」

わしづかみにしたビーズを金属のボールに一気に放ってみる。

例3）「ほどける」

くしの歯に金属の棒を押しあてて動かす。

他にも「おれる」「ねじれる」「われる」「のびる」等の絵のイメージに合う音を見つけよう。

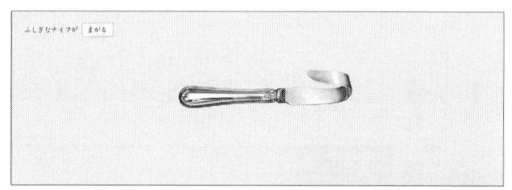

（中村牧江・林健造 作，福田隆義 絵，福音館書店，1997）

【図1】「まがる」

【写真1】

EX2 絵本『三びきのやぎのがらがらどん』を使って

(1)心の中で音をイメージしよう

　これはノルウェーの民話として，日本でもすっかりおなじみの絵本です。三びきのやぎが谷川の橋を渡るとき，橋の下に住むトロル（おに）と対決するお話です。

【図2】（北欧民話，マーシャ・ブラウン　絵，瀬田貞二　訳，福音館書店，1965）

例）表紙の絵から【図2】

　左右に高い山があって，その間に丸太の橋がかかっています。その橋の上を小さいやぎ，中ぐらいのやぎ，大きいやぎのがらがらどんが渡っています。橋の下には大きな川が流れています。この情景を見て，聞こえてくる音を想像してみてください。

①やぎが橋を渡る音：お話の中では，次のようなオノマトペで表現されています。
・小さいやぎ…「かた　こと…」
・中ぐらいのやぎ…「がた　ごと…」
・大きいやぎ…「がたん　ごとん…」

②橋の下を流れる川の音：ゴーゴーと音をたてて勢いよく流れる（大きなごつごつした岩に流れがぶつかって，白い水しぶきがあがっている）。

③その他：山の木々や草が風にそよぐ音，やぎたちの鳴き声など。

(2)身近な素材を用いて音を表現しよう

【写真2】

例1）やぎの足音

　「小さい，中ぐらい，大きい」などの音量だけでなく，それぞれの音質（軽やかさ，力強さなど）も工夫してみましょう。

①小さいやぎ：ペットボトルのキャップを両手に持ち，木の机を叩く。

②中ぐらいのやぎ：ゼリーのカップを両手に持ち，木の床を叩く。

③大きいやぎ：段ボール箱を木片で叩く。

例2）激しい川の流れ

①新聞紙を裂く，やぶる，広げる，丸める，振る【写真2】

②紙箱の中に豆や小石を入れて激しく揺らす。絵本の中の他の場面（「トロルと大きなやぎの戦い」など）の音づくりにも挑戦してみましょう。

（平井　恭子）

〈資料〉五感をむすぶ絵本リスト

　近年出版された数多くの絵本の中から，特に音と色や形が響き合うことで生み出される面白さや美しさを楽しむことができる作品を厳選し，5つのテーマに分けました。テーマは子どもと絵本を楽しむときのヒントです。ぜひ，ここにあげた絵本を1冊1冊手に取って実際に声に出して読み，自分の声の大きさ，リズム，抑揚が色や形に働きかける力を探ってみてください。

（山野　てるひ・ガハプカ　奈美・岡林　典子）

	題　名	著者名	対象年齢	出版社	出版年
	音・色・形をともに感じる				
1	いろ　いきてる！	文/谷川俊太郎　絵/元永定正	3歳～	福音館書店	2006年
2	いろいろばあ	作/新井洋行	0歳～	えほんの杜	2011年
3	がちゃがちゃ　どんどん	作/元永定正	1歳～	福音館書店	1986年
4	ごぶごぶ　ごぼごぼ	作/駒形克己	0歳～	福音館書店	1997年
5	どどどどど	作/五味太郎	3歳～	偕成社	1992年
6	むにゃむにゃ　きゃっきゃっ	作/柳原良平	1歳～	こぐま社	2009年
7	もけらもけら	文/山下洋輔　絵/元永定正　構成/中辻悦子	2歳～	福音館書店	1990年
8	もこ　もこもこ	文/たにかわしゅんたろう　絵/もとながさだまさ	2歳～	文研出版	1977年
9	るるるるる	作/五味太郎	2歳～	偕成社	1991年
	オノマトペの面白さであそぶ				
1	いろがみびりびり	作/まつながあき　絵/はやしるい	1,2,3歳	くもん出版	2009年
2	おいしいおと	文/三宮麻由子　絵/ふくしまあきえ	2,3,4歳	福音館書店	2008年
3	おやさい　とんとん	作/真木文絵　絵/石倉ヒロユキ	1,2,3歳	岩崎書店	2008年
4	おとがいっぱい	作/たちもとみちこ	1,2,3歳	ブロンズ新社	2010年
5	からだのなかでドゥンドゥンドゥン	文/木坂涼　絵/あべ弘士	3歳～	福音館書店	2002年
6	くつくつあるけ	作/林明子	0,1歳	福音館書店	1986年
7	ころころぽーん	作/新井洋行	0,1,2歳	ほるぷ出版	2011年
8	ジェリーのこーろころん	作/矢野アケミ	0,1,2歳	大日本図書	2010年
9	じゃあじゃあ　びりびり	作/まついのりこ	0歳～	偕成社	1983年
10	とんとん　どんどん	作/中川ひろたか・村上康成	1歳～	PHP研究所	2003年
11	ねんどろん	作/荒井良二	2歳～	講談社	2012年
12	ひ　ぽうぽう	作/新井洋行	0,1,2歳	童心社	2011年
13	ぴょーん	作/まつおかたつひで	1歳～	ポプラ社	2000年
14	ぷちぷち	作/ひろかわさえこ	1,2,3歳	アリス館	2000年
15	ふわふわのおはなし	作/ひろかわさえこ	1,2,3歳	あかね書房	2000年
16	もくもくやかん	作/かがくいひろし	3歳～	講談社	2007年
	言葉のリズムを楽しむ				
1	おおきい　ちいさい	作/元永定正	0,1,2歳	福音館書店	2008年
2	おしくら　まんじゅう	作/かがくいひろし	2,3,4歳	ブロンズ新社	2009年
3	おふとん　かけたら	作/かがくいひろし	0,1,2歳	ブロンズ新社	2009年
4	かぞえうたのほん	作/岸田衿子　絵/スズキコージ	4歳～ 小学3,4年生	福音館書店	1990年
5	がたんごとん　がたんごとん	作/安西水丸	0,1,2歳	福音館書店	1987年
6	きゅっ　きゅっ　きゅっ	作/林明子	0,1歳	福音館書店	1986年
7	ぐつぐつ　くしゅくしゅ	作・絵/山岡ひかる	0,1,2歳	ひかりのくに	2010年
8	くりくり	作/ひろかわさえこ	2歳～	アリス館	1999年

	題　名	著者名	対象年齢	出版社	出版年
9	ころころ　とんとん	作／ナムーラミチヨ	0,1,2歳	フレーベル館	2011年
10	ころころラッコ　コラッコだっこ	文／石津ちひろ　絵／藤枝リュウジ	5歳〜	ＢＬ出版	2003年
11	こんこん　こんなかお	文／ますだゆうこ　絵／村上康成	2,3,4歳	そうえん社	2009年
12	ちもちも	作／ひろかわさえこ	1,2,3歳	アリス館	2000年
13	とっとこ　とっとこ	作／まついのりこ	1歳〜	童心社	2003年
14	どんぐり　とんぽろりん	作／武鹿悦子　絵／柿本幸造	1歳〜	ひさかたチャイルド	2008年
15	なぞなぞあそびうたⅡ	作／角野栄子　絵／スズキコージ	小学中学年〜	のら書店	1992年
16	ぶーぶーぶー	作／こかぜさち　絵／わきさかかつじ	0,1,2歳	福音館書店	2001年
17	ぶきゃ　ぶきゃ　ぶー	文／内田麟太郎　絵／竹内通雅	2,3,4歳	講談社	2001年
18	へんしんトンネル	作・絵／あきやまただし	2歳〜	金の星社	2002年
19	ぽぽんぴ　ぽんぽん	文／松竹いね子　絵／ささめやゆき	0,1,2歳	福音館書店	2007年
20	まる　まる	作／中辻悦子	1,2歳	福音館書店	1993年
21	ゆめ　にこにこ	作・絵／柳原良平	1,2,3歳	こぐま社	1998年
22	りんごがドスーン	作・文・絵／多田ヒロシ	2歳〜	文研出版	2009年
音から物語のイメージをふくらませる					
1	あ、きこえたよ	作／堤江実　絵／堤大介	2歳〜	ＰＨＰ研究所	2009年
2	あっ おちてくる ふってくる	文／ジーン・ジオン　絵／Ｍ・Ｈ・グレアム　訳／まさきるりこ	5歳〜	あすなろ書房	2005年
3	あめ　ぽぽぽ	文／ひがしなおこ　絵／きうちたつろう	2歳〜	くもん出版	2009年
4	おへやのなかのおとのほん	訳／江國香織	3歳〜	ほるぷ出版	2004年
5	おむすび　ころりん	文／よだじゅんいち　絵／わたなべさぶろう	3歳〜	偕成社	1967年
6	おやすみなさいの　おと	作／いりやまさとし	3歳〜	講談社	2009年
7	がたたんたん	作／やすいすえこ　絵／福田岩緒	4歳〜	ひさかたチャイルド	1988年
8	ぎーこんぎーこん	作／とよたかずひこ	0,1,2歳	岩崎書店	1997年
9	ごろりん　ごろん　ころろろろ	作／香山美子　絵／柿本幸造	2,3,4歳	ひさかたチャイルド	1984年
10	きこえる　きこえる	作／Ｍ・Ｗ・ブラウン　絵／Ｌ・ワイズガード　訳／よしがみきょうた	3,4,5歳	小峰書店	1998年
11	きこえる？きこえるよ	絵／たしろちさと	3歳〜	グランまま社	2008年
12	さるかに	文／松谷みよ子　絵／滝平二郎	2歳〜	岩崎書店	1994年
13	でんしゃはうたう	文／三宮麻由子　絵／みねおみつ	4歳〜	福音館書店	2009年
14	とん　とん　とん	作／上野与志　絵／末崎茂樹	2,3,4歳	ひさかたチャイルド	2004年
15	とん　ことり	作／筒井頼子　絵／林明子	4歳〜	福音館書店	1986年
16	どんどん　どんどん	作／片山健	2歳〜	文研出版	1984年
17	はしれ、きかんしゃ　ちからあし	文／小風さち　絵／藍澤ミミ子	5歳〜	福音館書店	2008年
18	ぽとんぽとんはなんのおと	作／神沢利子　絵／平山英三	3歳〜	福音館書店	1980年
19	もりのおとぶくろ	作／わたりむつこ　絵／でくねいく	4歳〜	のら書店	2010年
様々な表現法を試みる					
1	うたうたうたう	詩／まどみちお　絵／スズキコージ	5歳〜	童心社	1990年
2	うたがみえる　きこえるよ	作／エリック・カール　訳／森比左志	3歳〜	偕成社	1981年
3	かお　かお　どんなかお	作／柳原良平	3歳〜	こぐま社	1988年
4	きいろいかさ	作・絵／リュウ・チェスウ　作曲／シン・ドンイル	5歳〜	ＢＬ出版	2010年
5	きこえてくるよ…いのちのおと…	作／ひろかわさえこ	小学中学年〜	アリス館	2005年
6	くまの楽器屋	作／安房直子　絵／こみねゆら	5歳〜	小学館	2009年
7	つきよのおんがくかい	作／山下洋輔　絵／柚木沙弥郎	4歳〜	福音館書店	1999年
8	とんとんとん	作・絵／あきやまただし	2歳〜	金の星社	1997年
9	はるの　やまは　ザワザワ	作／村上康成	4歳〜	徳間書店	2001年
10	へいわのうた	文／サム・ウィリアムズ　絵／ミク・モリウチ　訳／中川ひろたか	5歳〜	講談社	2006年
11	ぽぱーぺぽぴぱっぷ	文／谷川俊太郎　絵／おかざきけんじろう	4歳〜	クレヨンハウス	2004年

2．五感をむすぶエクササイズ

26 声の伝達，声の遠近感覚

声の伝達

　自分の声を録音して聞いたことがありますか？　普段聞いている自分の声と録音した自分の声はかなり違っています。自分の声は，「息」がもたらす**声帯振動**によってつくられ，「気道・口腔（鼻腔）」で共鳴して表出されます。共鳴は骨などを通して身体の様々なところにも伝達されていて（**骨伝導**），そのため自分自身に聞こえる声と，周りに聞こえている声とは異なるのです。

　よく届く声の人と，声が聞こえにくい人がいますね。どこまで声が聞こえるかは，個人差が大きく，身体が大きい人の声が遠くまで届くというわけでもありません。バスの前の方にいて，ずっと後ろの人の会話がすごく大きく聞こえたり，逆に近くの人の声でも聞こえにくかったりする経験があるでしょう。

　声の伝達は，特にことばを伝える仕事をする人にとって重要な問題ですが，日本人は声のコントロールが苦手なように思います。

　実際に，「近くの一人」と「遠くの大勢」に対する声を変えているのかどうか，大学生を対象に「近くの一人」と「遠くの大勢」に対する挨拶の声を録音する調査してみました（坂井2009）。予想では遠くの大勢の人に対しては，大きい声や少し高い声でゆっくり話すだろうと思われましたが，実際にはほとんどだれも近くと遠くで声をコントロールすることができていませんでした。

　保育・教育に携わる人は，一人だけに話しかけるわけではありませんし，そっと温かい言葉をかけてあげることも必要ですので，声をコントロールして伝達しなくてはなりません。このエクササイズでは，声のコントロールの練習をしましょう。

　　　では，始めましょう！

EX 1　低い声から高い声へと発声してみよう

　まず，「低い声」「ちょっと高い声」「もっと高い声」を出してみます。始まりの音の高さを自由に設定し，気軽に低→中→高でいろんな声を出してみましょう。続けて高→中→低でもやってみましょう。

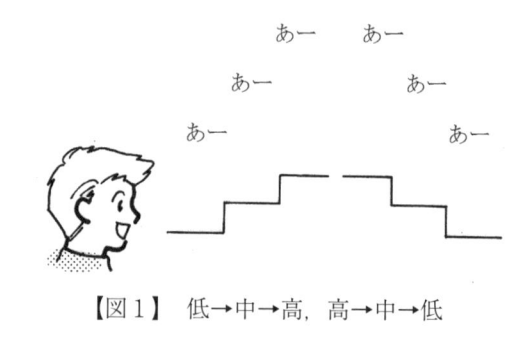

【図1】　低→中→高，高→中→低

【図2】　ポルタメント

　連続して高くしたり低くしたり（**ポルタメント**）もしてみましょう。

　ポルタメントしながら声をクレッシェンドしたり，デクレッシェンドしたりもしてみましょう。

　このあたりまでは，自然な表現としてできますね。

EX2 小さい声から大きい声へと発声してみよう

EX1 でやってみたクレッシェンド・デクレッシェンドを，声の高さを変えないで試してみてください。

次に，同じように声の高さを変えないで，声の大きさを3段階で変えてみます。小→中→大，大→中→小と声を出してみましょう。

声を大きくすると，なぜか声が高くなってしまって，意外に難しいですよ。

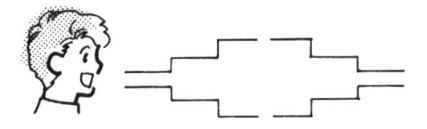

【図3】 同じ高さのクレッシェンドやデクレッシェンド

大きい声にするためにはどのようにすればよいと思いますか？

大きい声にするためには，口を大きく開けたり，息をたくさん出そうとするのではなく，声帯をしっかりさせる感覚で，息による声帯の加圧を強めることが重要です。そして，大きい声を出すときほど，お腹を凹め腹筋を使う感じで声を出してみます。

声帯に負担がかかってはいけませんから，怒鳴らないように気をつけてくださいね！

EX3 長く小さい声と短く大きいを発声してみよう

上級編です。

声を出すときは，短いと小さくなりがちで，長いと大きくなりがちですが，それぞれ反対になるように発声してみます。

まず，声が大きくなりがちな「ア」の母音で小さい声を，小さくなりがちな「ウ」の母音で大きい声を出してみましょう。

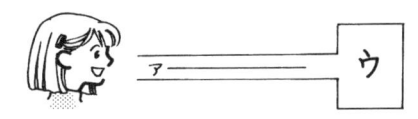

【図4】 小さい声の「ア」から大きい声の「ウ」への発声

自分自身の呼吸，声帯や共鳴，腹筋などを意識することができましたか？

他にもいろいろなパターンを考えて声を出してみましょう。

自分の声の大きさをコントロールできるようになれば，次は声の指向性にも気をつけて，TPOに合わせ遠近感覚を大切にした発声を心がけましょう。

もちろん，声の大きさは伝えようとする意識の有無で大いに変わりますから，子どもの状況をしっかり見て，適切な声を出すようにしましょう。

（坂井　康子）

2．五感をむすぶエクササイズ

27 声で空間を感じて表現する

　広がりのある空間を体験するとき，大人は視覚を中心に自分と空間との関係を測ったり，感じたりしています。しかし，子どもは大きな声を出したり，走り回ることによって，自己の身体と空間の関係を確認し，認識しているのです。

　私達も子ども達と同じように声を使って意識的に空間を感じ，表現してみましょう。

　皆さんは声の出し方について教わったことがありますか？　練習をしたことはありますか？　声は日常の会話や会議での発言，絵本の読み聞かせや歌遊びなど，様々な場面で活躍してくれます。声も文字の練習と同じで，繰り返し出す練習をしていくことが大切です。

　まず，自由に声を操って発声する練習をしてみましょう。

　　　　　では，始めましょう！

EX1 吐く息を意識して，息を吐くときに「ア～」と声をのせてみよう

　最初はため息のような状態から練習を重ねましょう。そして，人前で話すときは，「どう見られるか」を考えて恥ずかしいなどと思うより，「気持ちを伝えよう」と集中してみましょう。人にどう見られるか，と気にしてしまうと身体に力が入ってうまく呼吸ができなくなるのです。

　皆さんは緊張をすると，たくさん息を吸おうとしますね。これでは，緊張でガチガチになった身体がもっと硬くなり，内容は伝わりません。

緊張でがちがち　　　リラックス

　次に，p88のコラムにある母音の発音を明確にすることが大切です。日本語は母音と子音を組み合わせてできているもの，母音だけでできているものなど，いろいろありますが，母音がはっきりすると声が通りやすく，聞き取りやすくなる言語です。

EX2 空間の広さに応じて声を出してみよう

　次の空間で自己紹介をしてみましょう。
①保育室
②生活発表会などを行うホールや遊戯室
③5～6人での職員会議

　どのようなことに気をつけて変化をさせましたか？　感じたことを書き出してみましょう。

　最初は無意識にしていた行為を意識するのは難しく感じるかもしれませんが，何度も繰り返しているうちに，きっとコツがつかめるはずです。

　ここからはさらに母音に焦点をあてて，練習をしていきましょう。

EX3 鏡を出して母音の口の形を確認しよう。口の形が整ったら，子音を抜いて母音だけで発音してみよう

例題：「赤巻紙　青巻紙　黄巻紙」
　　　AKAMAKIGAMI　→ AAAIAI
　　　AOMAKIGAMI　→ AOAIAI
　　　KIMAKIGAMI　→ IAIAI

　上記の子音を抜いた母音のみのものを早口で5回読んでください。読めたら，普通に子音も入れて読んでください。格段に読みやすくなると思います。

　母音が発音しやすくなったら，今度は声をいかに効果的に使って話をするか考えてみましょう。声を操るには，まず，「なりたい目標」を具体的にもつことです。人は目標を見出せると自信がもてます。自信がもてれば，きっと見た目にも変化が出てくると思います。

　様々なエクササイズを経て，声の出し方，母音の発音がわかってきました。次は，音程，リズムそして「間」（空間）をしっかり感じてもう一度自己紹介をしてみましょう。

　なぜ音楽でもないのに音程とリズムなのか，と不思議に思うかもしれません。

　まず，自分の発声する音をイメージして，それから息を吸い，その息が音程を伴った声になります。声は結果なのです。なかなかイメージ通りの声が出ないときは息の吸い方を変えてみましょう。そして，発せられた声にリズムをつけて，聞いている人との距離を感じてみましょう。「大きな声が出ない」と悩んでいる方は，一度対象との距離を感じてみてください。例えば，人に危険を知らせるとき，自分では思ってもみなかった大きく通る声が出ますね。真実を知らせるストレートな感情を表す声は，自分で思うよりずっと強い表現力をもっているのです。声には，個々の感情と感性が最大限に詰め込まれています。

　ここまで示してきたことの基本には，どのような場合にも，呼吸があります。声はもちろん息にのせて発せられますし，「間＝空間」はまさしく呼吸です。音程やリズムも息の吸い方や吐き方で表情を変えます。自由な呼吸ができて初めて自由に声を操り，表現することができます。

（ガハプカ　奈美）

メラビアンの法則

　メラビアン（A. Mehrabian）は，人の印象を100％に置き換えると，なんと話の内容はたったの7％，声の高低やスピードは38％，そして姿や表情，いわゆる外見が55％になると言っています。私達は人から受けた印象を振り返るとき，きっと「何を話したか」ではなく，「あの声の高い人」とか，「顔がきれいな人」とか，「赤いドレスの人」など，思い浮かんでくるのは見た目の印象ではないでしょうか。

　ですから，「人からどう見られているか」を気にするのではなく，「自分は人にどう見られたいか」を明確にすることが大切です。自分の見られ方は自分で決めるのです。

2．五感をむすぶエクササイズ

28 動きで空間を感じる

場所：体育館，ホール，講堂，中庭などの広い空間
時間：90分

→本章24「絵本の中の音，色，形を楽しむ」エクササイズの後で

動きが形や空間の感じ方を促進する

子どもは広いホールや体育館などに立ち入ると，途端に歓声を上げながら端から端まで走り抜けたり，渦巻状に走り回ったりしますね。そのような行動は，広い空間が急に目の前に開けた解放感から起こすだけでしょうか？

例えば生後4か月の乳児は，対象物が静止している状態のときよりも動いているときのほうが，より容易に対象の形や奥行を知覚できると言われています。つまり形のもつ特徴の位置が変化すること（＝自分の目との距離が変化すること）によって，形や奥行がよりわかりやすくなるのです。（山口・金沢2008）

そこで，対象物が動くのではなく自分自身が動いている場合の見え方を考えると，周囲のものは自分に近いものほど進行方向とは逆方向に大きくずれていきます。また注視している位置との距離によって，そのものが視覚の中でずれる大きさと方向が異なります。

子ども達が広い空間の中で走って動き回るのは，まず，自分の身体スケールを速く移動させることで，運動感覚的に空間の広さを測り，同時に周囲のものとの関係が視覚的に変化することで，より空間の特徴や奥行を感じるからでしょう。

空間は静止した状態よりも，空間にある対象物が動くことや，自分自身が動くことによって，より広がりや奥行が感じられるのです。

では，始めましょう！

広い空間を動いてみよう

EX 1 体育感やホールで3つの基本の構成を動いて空間を感じよう

まったく同じ形と広さの空間であっても，あなたがどのように動くかによって，あなた自身も，それを見ている人も，空間の大きさや広がりや奥行の感じ方が大きく変わってきます。空間を構成するには3つの基本的な動きがあります。それは「円」「水平と垂直」「斜め」です。基本の動きで空間を構成しましょう。

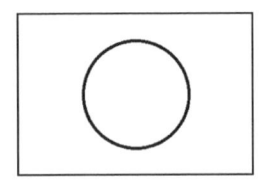

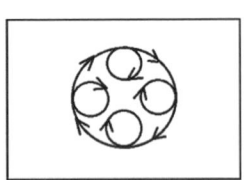

円の動きと応用

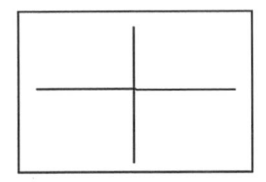

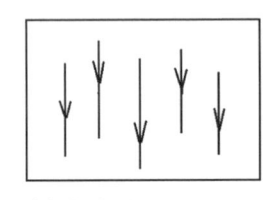

水平と垂直の動きと応用

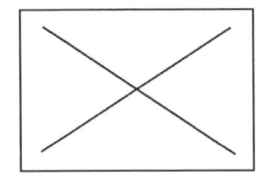

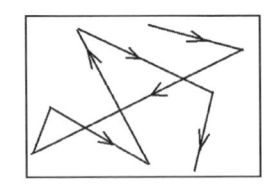

斜めの動きと応用

EX2 2人で空間を動く時にはどんな動きがあるだろう。2人で考えて呼応しながら動こう

同調：2人で同じ方向に同調して動きます。お互いに相手の動きを感じながら動きましょう。

反行：2人で線対称に（鏡に映したように）お互いの動きを意識しながら反行して動きます。

【例1】直線的な動き—同調

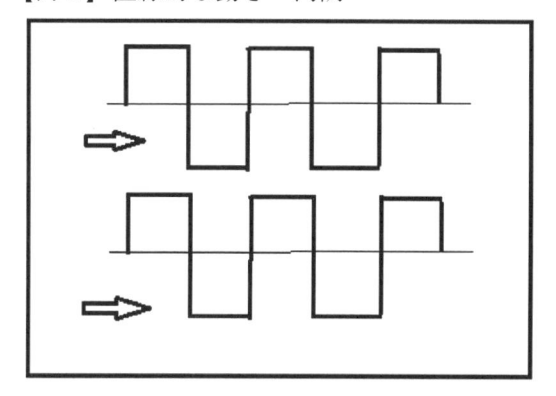

【例2】直線的な動き—反行（鏡像）

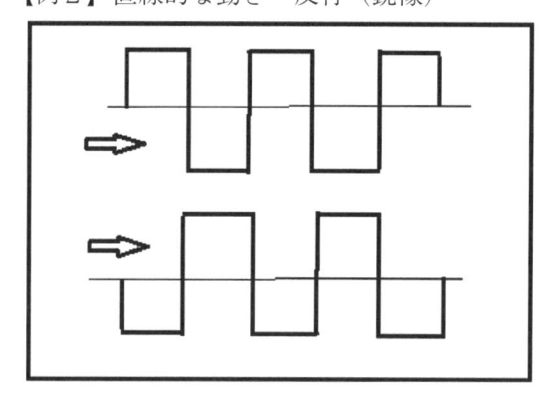

【例3】曲線的な動き—同調

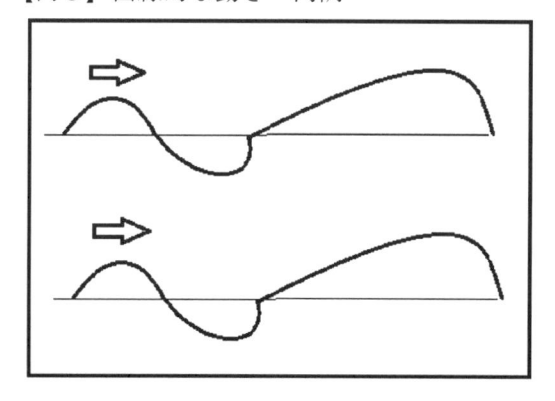

【例4】曲線的な動き—反行

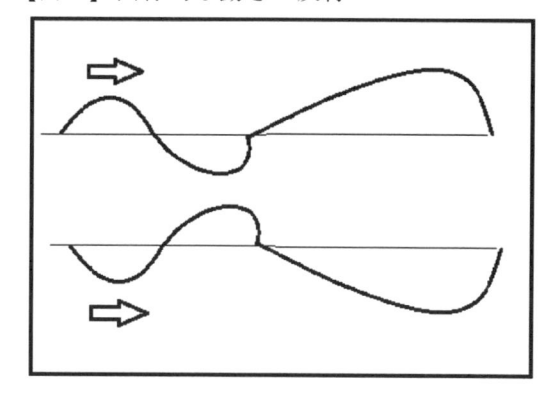

EX3 2〜5名のグループで動きを考え、空間を表現してみよう

【例5】自由な動き

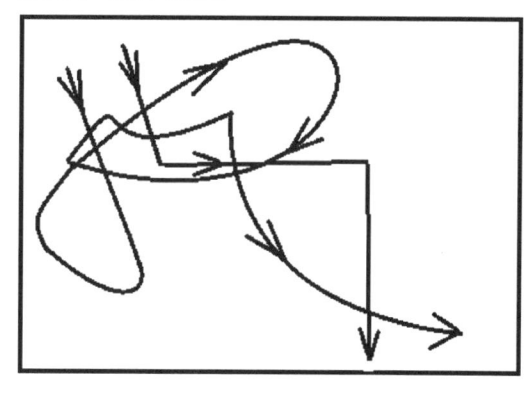

EX4 24の **EX2** の(4)の各場面の動きを4〜5名のグループで動き，空間を表現してみよう

（山野　てるひ）

2．五感をむすぶエクササイズ

29 光を集める —暗箱の中から光を感じよう—

用意：ボール紙（四つ切2枚），トレーシングペーパー（A4：1枚），虫眼鏡（倍率3.5x程度），ガムテープ
時間：カメラオブスクラ製作：70分，体験・撮影・記録：20分（各自の時間外学習としても行うことができる）

光が射して世界が見えている

光は直接見ることができません。わたしたちは，ただ光に照らされたものを見ているのです。そして，この世界が光に満たされていることをしばしば忘れてしまいます。そこで，手に持てる位の小さな「闇」を作り，その中に「光」を集めることで，この世界の光の存在を実感してみましょう。

では，始めましょう！

EX 光を集めよう

(1) ボール紙の裁断と組み立て

あらかじめ用意した型紙（下図）のプリントに従って，ボール紙とガムテープで一辺15cm 長さ20cmの一方が塞がった外筒と，その内側にスライドして挿入できる内筒の二つを，ガムテープで組み立てて作ります。外筒の蓋部には中央に小さな穴を開けます。

外側 200×150mm 4枚	外側 200×150mm 4枚	
外側 200×150mm 4枚	外側 200×150mm 4枚	↑ 蓋 150×150mm 1枚

ボール紙四切

内側 200×146mm 4枚	内側 200×146mm 4枚	
内側 200×146mm 4枚	内側 200×146mm 4枚	

ボール紙四切

(2) トレーシングペーパーを張る

内筒の一方の開口部にトレーシングペーパーを被せるように貼ります。トレーシングペーパーを張った方から外筒に挿入します。

(3) 虫眼鏡の取付け

外筒の蓋部の小さな穴に虫眼鏡を取り付けて，カメラオブスクラの完成です。

(4) 体験・撮影・記録

完成したカメラオブスクラを持って明るい窓，戸外へ向けてみましょう。内筒をスライドさせながらピントを合わせると，虫眼鏡の向こうの景色が驚くほどはっきりとトレーシングペーパーに映し出されるのを見ることができます。映し出された像をスマホで撮影すれば，記録することができます。

授業後，さまざまな場所に持って行って，撮影を楽しんでください。

（実際には，像は倒立して映し出されます）

闇を感じる／光を感じる

もし，まとまった人数（20人程度），場所

（自由に使える20～30人用の小教室），時間（集中講義など連続した90分×4時限分）があれば，より大きなサイズの「闇」を作り出し，その中に自分たちが入れるカメラオブスクラを製作することができます。

EX **闇を感じよう／光を感じよう**

(1) 部屋を用意する

窓とその向い側に白い壁がある教室を準備します。白壁が無ければ，白い紙か布を貼っておきます。窓と壁の距離は6～9m程度が適当です。まっ暗になっても危なくないよう，部屋の中を片付け，机や椅子は外に出します。

(2) 窓やドアを塞ぐ

窓など光の入るところを段ボールで塞ぎます。壁や窓枠を傷めないよう養生用テープで貼付け，継ぎ目は黒テープで光漏れを防ぎます。中央付近の窓一カ所だけを開け，ベニヤ板（中央に直径1cmの穴を開け黒テープで塞いでおく）を取り付けます。ドアは出入り口になる一カ所だけを残して全て塞ぎます。

(3) 出入り口を製作する

机や段ボール・ベニヤ板・外した暗幕カーテン等を使って，人がギリギリ通れる狭く折れ曲がったトンネル状の通路を作ります。

(4) 漏れる光を無くす

光を塞ぐ作業を進めていくと，参加者の目も暗さに慣れてきます。微かな光が見えてくるようになり，窓を塞いでも，どこからか光が漏れているのに気付きます。換気扇や天井の隙間，ポケットの中の携帯の光など，それらを一つずつ塞いだり消したりしていきます。

(5) 闇を体験する

参加者全員が何も見えなくなるのを確認します。一分間ほどみんなで静かにしてみましょう。自分がどこに居るのかさえ分からないような恐怖に近い感覚に襲われるでしょう。

(6) ピンホールを開け，光を体験する

闇を充分体験した後，ベニヤ板の穴を塞いでいるテープを剥がします。すると，一筋の光が部屋に射し込むのが見えます。そして向い側の白い壁には……？　窓の外の景色が倒立して映し出されるでしょう。闇に慣れたみんなの目にはしっかりと見える筈です。

ピンホールの映像を体験したら，一旦外に出ます。外の世界がどんなに明るいか驚くことでしょう。それから，再び中に入ります。今度は全くの闇に包まれて，映像がすぐには見えてこないことに気付きます。

充分に闇と光の体験をしたら，協力して部屋を元の状態に戻します。そして，この体験を書き記しておきましょう。

人は，普段，本当の闇を体験することは殆どありません。みんなで「闇」を作り出していくと，周囲が暗くなるだけではなく，自分の身体も変化していきます（音に敏感になる，小さな光が眩しくなる…など）。**見えていたものが見えなくなり，見えなかったものが見えてくるのです。**この体験と感覚を大切にしてください。

（鷹木　朗）

2. 五感をむすぶエクササイズ

30 五感を働かせて鑑賞する① ―絵を見て音を感じる，匂いを感じる，質感を感じる―

対象学年（年長）の鑑賞活動
用意：鑑賞作品の図版　　時間：30分〜

鑑賞とは？

　鑑賞というと，大人でも堅苦しいイメージをもつかもしれませんが，特別な知識が要求される活動ではありません。鑑賞とは，諸感覚を通して直感的に作品などを味わうことであり，鑑賞者が自分自身の感性や考え方を自覚する活動であると言えます。

　教育の場においての鑑賞は従来，その目的や効果が曖昧に捉えられることも少なくありません。しかし，米国においては1980年代あたりから，鑑賞活動を学問的に位置づけようとする動向（DBAE: Discipline Based Art Education）が顕著となりました。日本でも学校教育における鑑賞活動に対して，DBAEの影響を受けながら読解力や思考力といった知的な要素を求めようとする傾向は現在でも続いています。

五感を働かせる鑑賞

　子どもがよく行うのは，「ナレイティブ・ステージ」の鑑賞活動です（福2004）。ナレイティブ＝物語であり，作品などを見て子どもの知識や経験に基づいたお話が創作されます。その過程では描かれているものを丁寧に観察し，自身の記憶と照らし合わせながら解釈が生まれていきます。例えば，動物と少女が描かれている絵を見ると「このライオンは，あの子とお友達だと思う」といったような鑑賞活動が展開されるのです。

　この鑑賞方法は，子どもの知識を統合して新たな思考力を養うことにはつながりますが，諸感覚を働かせるという要素はあまりありません。幼児教育・保育の側面から鑑賞を捉えると，子どもの直感的な「感じ方」や「気づき」を重視した活動を行うことが発達段階に合致していると言えます。つまり，作品などから得る視覚的な刺激をもとにして，子どもがどのような感覚や感性を働かせるのかが重要であると考えられます。

　そこで，子どもに対して知識に基づいた物語性について意識させるのではなく，色や形から得る印象は，どのような「感じ方」なのかを問うような鑑賞活動を展開することを提案します。鑑賞そのものはあくまでも「視覚」に基づいた活動ですが，どのような「音」や「匂い」「触りごこち」を呼び起こすのかについて意識することにより，子どもの諸感覚は発達すると考えられます。

　なお，以下に紹介する鑑賞活動では，具体物が描かれた作品では物語性への意識が強くなるため，シュルレアリストであり抽象化された作風であるミロ（Joan Miró i Ferrà, 1893-1983）の作品を鑑賞対象としました。

　ここでは，幼児の鑑賞体験を追体験してみましょう。

　　　では，始めましょう！

EX 1 絵を見て「音」を感じよう

　ミロの作品・「夜の中の女と鳥」（1945）を鑑賞者に提示し，まずは鑑賞者に「この絵を音で表すと，どんな音かな？」という発問を投げかけ，作品を構成している色や形に着目するようにします。すると，鑑賞者からは「ポン，ポンって感じ」「ホワン，ホワンして

る！」「キーンって聞こえてくる」等，自分なりに感じたオノマトペによる表現が聞かれます。リズムやメロディではないオノマトペによる印象の描写は，幼児にとって楽しいものであり，遊び性に富んだ活動です。

また，一つの作品を見て複数の鑑賞者が感じたオノマトペを言い合うことを通して，自他の感性の違いを認識する経験にもなると考えられます。

EX2　絵を見て「匂い」を感じよう

これは色や形から匂いを感じたり，認識したりする活動です。ミロの作品・「壁画」（1951-1952）を提示した上で，鑑賞者に「どんな匂いを思い出す？」と問いかけます。すると，「雨がふる前の風の匂い」「かれた草の匂い」等，かなり具体的な情景が示されます。

この鑑賞活動は実際に何かの匂いをかぐのではなく，経験の中にある匂いの記憶をたどる活動であり，嗅覚をはじめとした様々な感性を高めるためのエクササイズでもあると言えます。

EX3　絵を見て「触りごこち」を感じよう

最後に，質感を感じ取る鑑賞です。鑑賞の対象によっては，実際に触覚を働かせながら「触って見る」という活動も想定されますが，今回はあくまでも色や形から「触りごこち」を感じ取る活動です。

ミロの作品・「昼寝」（1925）を鑑賞者に提示すると，「ざらざらした感じ」「でも，触ると柔らかそうな気がする」「ふわふわしてそう」という印象が聞かれます。

おそらく，視覚を通して得たマチエールやテクスチャに関する情報がこのような感受に影響していると考えられます。 EX2 でもふれましたが，記憶にある諸感覚をもとにして鑑賞を行うことは，視覚以外の感覚を発見させるのに有効であるといえるでしょう。

（竹内　晋平）

【参考作品】：以下に示す作品でも，同様のエクササイズを行うことが可能です。

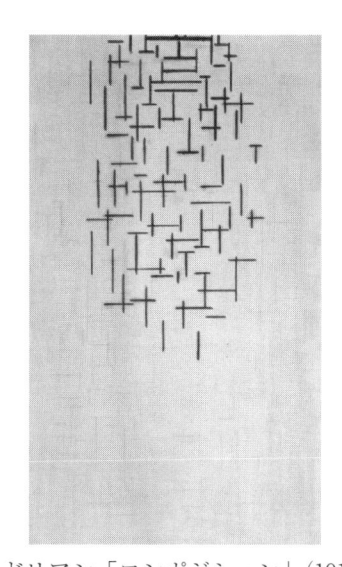

モンドリアン「コンポジション」（1916頃）

〈出典〉京都国立近代美術館編『京都国立近代美術館所蔵名品集［洋画］』光村推古書院，2004

J．イッテン「合奏協奏曲」（1959）

〈出典〉京都国立近代美術館編『ヨハネス・イッテン　造形芸術への道』京都国立近代美術館，2003

2．五感をむすぶエクササイズ

31 五感を働かせて鑑賞する② ―音を聴いて色を感じる，形を感じる，空間を感じる―

対象学年（年長～小学6年生）の鑑賞活動の追体験
用意：音楽CD，CDデッキ，色画用紙（A4～B4程度の大きさ），クレヨン（12色程度）　時間：30分～

■ 音をイメージ化する

　芸術を分類する上で「時間芸術と空間芸術との区別」があります（篠原1995）。具体的には「文学や音楽は時間芸術，造形芸術は空間芸術」とされています（篠原1995）。

　【図1】に示しているのは，「ブロードウェイ・ブギウギ」と題されたピエト・モンドリアン（Pieter Cornelis Mondriaan, 1872-1944）の作品です。オランダ出身の彼は，第二次世界大戦の影響を避けるため，1940年頃にアメリカ・ニューヨークに移住しました。そこで出逢ったブロードウェイの街並みの様子とダンス音楽のリズムをイメージ化したのが，この作品です。ニューヨークを見下ろした地図のようにも見える構図ですが，原色によって鮮やかに彩られた矩形の一つ一つがまるで音楽そのものを表しているように見ることができます。

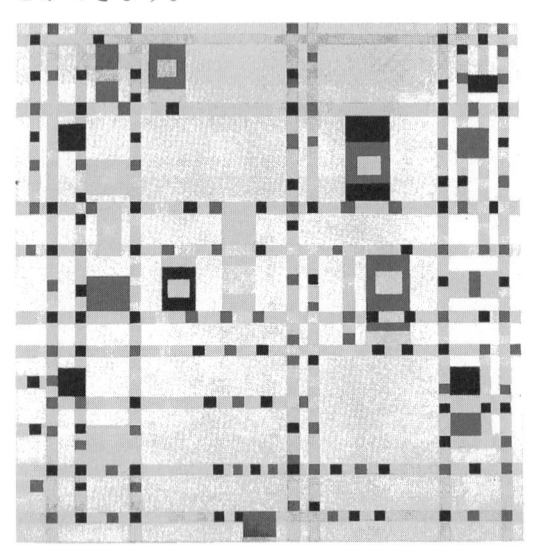

【図1】モンドリアン「ブロードウェイ・ブギウギ」1942-43

　このように，時間芸術である音楽を空間芸術の構成要素である色や形によって表すことは，多くの作家によって試みられてきました。ここでは聴覚から得た情報を造形によって表現するエクササイズについて提案します。

■ 音楽を選ぶ

　「音を聴いて色・形・空間を感じる」という活動を行う場合は，できるだけ先入観を排除した状態で想像力を働かせる必要があります。このため，鑑賞者が知っている音楽や特定の意味づけがなされている音楽（季節を表す歌など）は避けたほうがよいでしょう。また，歌詞がもつメッセージ性の影響も大きいため，歌詞がない音楽や歌詞の意味が伝わりにくい洋楽等を選ぶことも一つの方法です。

　つまり，「音楽がもつ関連情報や鑑賞者の記憶によって描く」ということではなく，あくまでも「音楽から得た印象を描く」ということが成立しやすい音楽を選びましょう。

　　　では，始めましょう！

EX 音楽を聴いて感じよう

(1) じっくりと聴く

　活動を行うにあたっては，はじめに「音楽の聴き方」について話し合いましょう。どんな聴き方をすれば音楽を絵に表しやすいでしょうか？

　造形室の中央にCDデッキを置き，周囲を取り囲み，目を閉じて音楽を聴いてみましょう。鑑賞者からは「音がキラキラしている」「どこかで光っている感じ」等の感想が聞かれました。

(2) 色を選ぶ

(1)で導き出された感想をもとにして，まずは，画用紙の色を選びましょう。ある鑑賞者は，聴いた音楽から「暗い中で光っている感じがする」という感想をもったため，黒色の画用紙を選択しました。

また，描画に使用するクレヨンの色を選ぶ際に，ある鑑賞者は「光なので，黄色や白色のクレヨンがいい」と話していました。このような判断も音楽から得た印象が強く反映されていたと考えられるでしょう。

(3) 形・空間に表す

音楽の要素としてリズムやメロディー，ハーモニーがありますが，それらが一体となって鑑賞者に形や空間をイメージさせることになります。

【図2】に示した作品例はすべて同一の音楽を聴いて描かれたものです。それぞれの鑑賞者なりの感じ方で音の動きや連なり，重なりを表わしています。同じ音楽を聴いても表現されている形や空間は様々であることを感じながら，互いの表現を鑑賞しましょう。一人ひとりの感性にふれる楽しい活動になります。

音楽から得た印象を描く活動の効果

このエクササイズの表現活動は，観察したことや見たことがあるものを再現的に表すものではなく，想像力を駆使して自己の内面を表すものです。このように音楽という情報を手がかりにして心象表現を行う活動は，「実物と同じように再現できたか」という表面的な問題による制約がないため，一人ひとりの新たな造形表現の可能性を広げることができる題材だといえます。

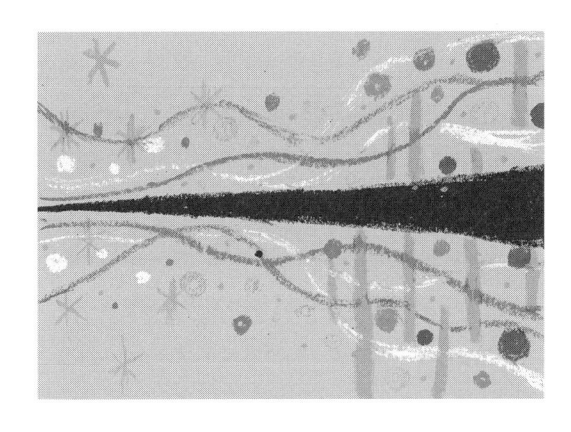

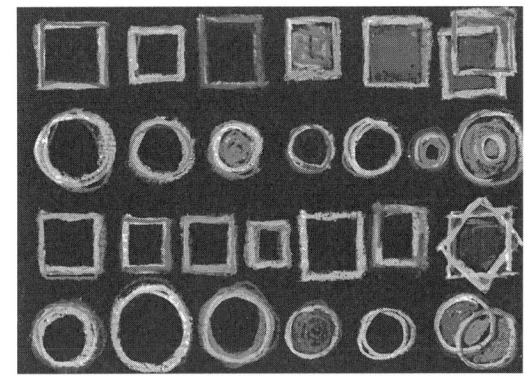

【図2】 音楽から得た印象を描いた作品例

（竹内　晋平）

コラム

方言とわらべうた ―話すことばと歌うことば―

　自分自身の話し方の特徴について考えてみたことがありますか？　日本の方言は，大きくは東日本，西日本，九州の方言に分かれますが，地域や友達集団で少しずつことば（話し方）が異なっています。両親の出身地の影響などもあって，一人ひとりが少しずつ違う話し方をしています。

＊ことばのアクセントと歌詞の旋律

　音楽教科書に載っている歌の多くは，おおむね共通語に則っているため，例えば普段のことばとして大阪弁を話していると，ことばとうたの間にギャップができます。最も大きなギャップは，自分のことばの抑揚と曲の旋律の高低との関係が異なることがあげられます。

　例をあげると，「うみはひろいなおおきいな」の旋律は「うみ」，「ひろい」の共通語のアクセントに則っており，この歌詞を関西では「うみ」「ひろい」というアクセントで発音しますから，その旋律は関西抑揚とは高低が逆になります。

＊わらべうたの旋律

　わらべうたの旋律は歌う子どものことばから生まれてきました。わらべうたは「つくりうた」の延長上にあると言えます。わらべうたはことばの抑揚に即して旋律が歌われますので，歌っているというより，唱えているような旋律だったりします。また，ことばの特徴がそのまま歌われたりもします。例をあげると，関西では「めー（目）」，「てー（手）」，「あめー（雨）」のように1音を延ばして発音する単語がありますが，わらべうたの中でも「あめーざーざー」のように関西のことばの特徴がそのまま歌われます。

＊方言でわらべうたを歌う

東京のわらべうた

おとことおんなと～

大阪のわらべうた

おとことおんなと～

鹿児島のわらべうた

おとことおなごと～

> わらべうたの変化
> 　わらべうたの特徴である「ことばの特徴が生かされる」ということが次第になくなり，例えば関西では
> 「なーべーなーべーそーこぬけ」
> と歌っていたところが，現代では，共通語アクセントを反映した
> 「なーべーなーべーそーこぬけ」
> の旋律で歌われる傾向が見られる。

　これを比べてみると，同じような歌詞であっても地域のことばのアクセント（抑揚）によってメロディーが異なることがよくわかります。

（坂井　康子）

第 6 章

事例でチェック！感性を育む環境づくり

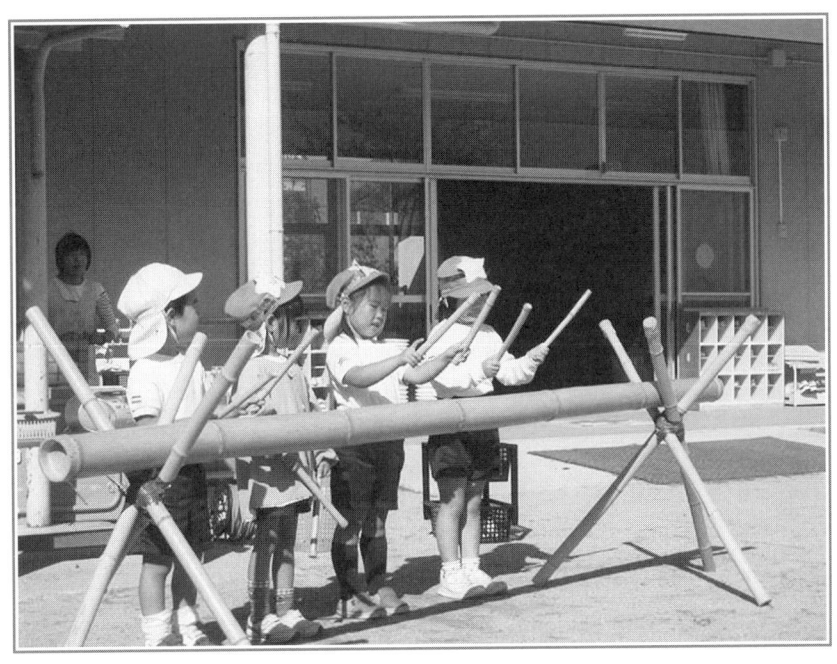

「やりたい遊び」の時間に「音をつくる遊び」に興じる4歳児

　環境を通して感覚に働きかけて，子どもが世界の認識を深め豊かな感性を育んでいけるように，幼児教育ではどのような保育が行われているのでしょうか。
　「人との関わり」を核にして自然や地域環境を視野に入れた感性を育む指導計画の実践事例から考えてみましょう。

子どもの感性と表現が育つ環境

「失われた育ちの機会」の回復

今日の子ども達を取り巻く環境の変化によって、「失われた育ちの機会」が浮き彫りにされ、緊急課題として「子どもの最善の利益のための幼児教育を考える」（2005年，中央教育審議会答申）ということがクローズアップされて久しい。

大人のエゴや都合に振り回されて大人の時間に生き、子どもでいられない圧力を感じる子ども、他者の評価が気になり、ありのままの自分を出せない自己肯定感の低い子ども、他者のまなざしを気にして指示を待つ子どもなど、子ども世界に多くの「失われた育ちの機会」による弊害が出てきている。中でも、消費社会が引き起こした問題は幼児期の子どもの健全な心の育ちを阻害することとなる。現在の子ども達は、お金を出して既存の遊具や道具、インターネットのサービスを買い、他人が創ったモノやイメージを消費してバーチャルな世界で遊ぶことが多い。直接的経験の欠落は、幼児期の子どもに創造性の枯渇や人間らしさの喪失を引き起こしている。

本来、幼児期の遊びは主体的で生産的経験であることが望ましい。それは、自分なりの創意工夫（知力）、作っていく過程での巧緻性（技術力）、人やモノに対する愛着心（心情）、それらを使って遊ぶ友達同士のかかわり（人間関係力）などの力が育つ経験なのである。保育者は消費社会が引き起こしたハザード的状況を重く受け止め、「失われた育ちの機会」を回復し、子どもたちの創造力や人間関係の基礎を培っていかなければならない。

そのためには、保育の中に直接的、具体的経験を十分に取り入れ、子どもの豊かな感性や表現する力、豊かな創造性を育んでいく保育の構築が必要である。

応答的・相互的環境の中で育つ子ども

直接的具体的経験が満たされる環境とは、どのような環境であろうか。

子どもは、場、空間、モノ、人などの環境と個別にかかわるわけではなく、これらの環境と様々に絡み合い、応答的・相互的状況の中で夢中になって遊び込むのである。

ゆっくりとした時間の中で場とつながることができ、モノとの出会いから感動し、人と深く結びつくなどの生活の様々な場面が子どもの感性や表現を育むことができるのである。

例えば、6月の園庭に咲いた青いペチュニアの花を使い、濃い青色の色水を作って楽しんでいた子どもが、園外にお散歩に出かけた。商店街の薬局の中を案内してもらった次の日から、濃い青色の色水を水で薄め、水色の色水にした。色水を瓶に移し替え、ラベルを貼って並べると、テラスは一変して「薬屋さん」に変わった。ラベルには、「お父さん用のヘヤートニック」と書かれていた。「いかがですか？　きれいなブルーのヘヤートニックです」とテラスを通る子どもに声をかける薬局の店長さんも登場した。声をかけられた子どもは、「わぁ、きれいなブルー！」「昨日の薬屋さんの色と一緒だね」と口々に思いを伝え、瓶の中をのぞき込んでいた。

この例では、園庭に植えたペチュニアという自然環境、色水づくりの道具やガラス瓶、

ラベルなどの物的環境，薬局の店長さんという人的環境，園外への散歩という地域環境など，様々な環境が絡み合っている。ペチュニアから作った色水を「お父さんのヘヤートニック」に見立てるという明確なイメージが，子どもの色水の色の調整をする行為や，「いらっしゃいませ」と声をかけ友達とかかわって表現する意欲につながっていった。

このように，子どもが「面白い」「やってみよう」「不思議だな」と感じ，「ほら見て，見て」と表現する行為には，応答的・相互的環境の存在がなくてはならない。

感性と表現を支える保育者の役割

では，適当な環境が子どもの身近にあれば，豊かな感性や表現は育まれるのだろうか。

ここには，保育者の存在が大きくかかわってくる。たとえ子どもの育ちにとって豊かな環境が目の前にあったとしても，保育者がそれに気づかず，保育に活かすことができなければ，その環境は子ども達には有効には働かない。つまり，保育者がその環境は子どもの育ちを助長する教育的価値があると判断して，意図的に教育・保育計画の中に組み入れるとき，それは子どもにとってより効力を発揮するのである。言い替えれば，子どもの感性や表現の育ちは，保育者の感性と創造性と力量に影響されるということである。

感覚と情動を育む環境

ところで，保育者が教育的価値があると見極める環境とは，特別なものなのだろうか。

前述したように，現代の子どもたちには，直接体験が不足しているという問題が生じている。そこで求められる環境とは，仮想現実では味わえない，五感を通した刺激と人との関係性の中で生まれる情動が育つ環境である。

具体的には，日常の中で園庭の色とりどりの花々に心動かされたり，日なたや日陰で光と陰を感じたり，風にそよぐ木々の葉擦れの音に耳を傾けたりと，感覚的な部分が磨かれる直接体験が必要である。

近年は4，5歳児が混合で遊ぶ，未就園児と小学生が異年齢交流をする，保護者や地域の方々と触れ合うなど，人との関係性が生まれる教育価値のある環境を幼稚園がセンターとなってつくり出してきた。したがって，どれをとっても園のさながらな生活の中で体験できることであり，特別な環境ではなくなってきた。

子ども達はこのような体験を通して，感覚や感性を豊かにしたり，人と接する経験の中で，他者と心を通い合わせる喜びを体得し，自信をもって相手に伝えたい，表現したいという意欲をもち，しなやかでたおやかな情操を育むようになる。

本章では，具体的な保育の実践を紹介し，環境とのかかわりを通して，子どもの感性と表現がどのように育まれていくかを探っていくこととする。また，子ども達が思いを表したい，誰かに伝えたいと，表現活動に意欲的になるような援助のあり方を考える。

（赤木　公子）

1 人的環境

人的環境と表現

米国の心理学者ブロンフェンブレンナー（Bronfenbrenner, U. 1917-）は子どもをめぐる環境を生態学的環境と捉え，①マイクロシステム，②メゾシステム，③エクソシステム，④マクロシステムという4つの視点を提案した。

①マイクロシステム：自分を取り巻く最小単位の世界，つまり子どもが活動し馴染んでいるような日常生活における人間関係（A児の両親・きょうだい・担任の保育者・友達）

②メゾシステム：家庭・幼稚園・友達など自分が参加する2つ以上の場面間の関係（A児家の夫婦関係・親子関係・きょうだい関係・幼稚園における教師や友達との関係・幼家連携・幼小連携）

③エクソシステム：個人の生育や生活を取り巻く環境を規定している共通の条件（A児の発達に間接的に影響する関係として，核家族化・共働き・単身赴任）

④マクロシステム：文化全体のレベルで存在する一貫性や信念体系（常識・差別・偏見）

子ども達は，特に幼稚園や保育所において友達や保育者，身近な人々とかかわるマイクロシステムやメゾシステムを中心に生活を送っている。この集団生活の中での人との関係性が，様々な情動を揺らし，他者に伝えたいという気持ちを生み，表現力を育んでいく。

中でも友達の存在は大きく，子ども達にとっては初めての集団生活において最も大切な人的環境といえる。そこでは互いにイメージやアイディアを受け止め合い，模倣してみよう，共につくり上げようといった表現意欲や創造性が育まれる。

次に，保育者は共に過ごす時間が長く，身近にいる大人として影響力も大きく，憧れの存在，よき理解者等，様々な役割をもち，子ども達の人格形成の基礎を培う重要な位置を占める。

また，友達や保育者以外にも，保護者・きょうだい・未就園児・小学校の児童・中学校の生徒・地域の大人など多くの人と関係をもちながら生活している。

伝え合い響き合う楽しさ

『幼稚園教育要領』の領域「表現」の2内容(3)と内容の取扱いの(1)には，人的環境に関連する次のような記述がある。

> **内容(3)**
> 様々な出来事の中で，感動したことを伝え合う楽しさを味わう。
> **内容の取扱い(1)**
> 豊かな感性は，自然などの身近な環境と十分にかかわる中で美しいもの，優れたもの，心を動かす出来事などに出会い，そこから得た感動を他の幼児や教師と共有し，様々に表現することなどを通して養われるようにすること。

つまり，感性の育ちは，直接的・具体的に環境とかかわり，そこで感じたことを身近な人と伝え合ったり響き合ったりする人とのつながりから始まる。もともと，人は人とつながっていたい欲求がある。自分の思いを受け入れてくれる他者がいることは，相手に感じたことを表現し，受け止めてもらえた時に大

きな喜びとなる。この他者と響き合えた経験の蓄積が自信となり、次にまた表現してみようという意欲がわき、一層豊かな表現へと導かれていくのである。子ども達は、日々の保育活動の中で、他者と同じものを見て共感し、絵を描いたり、一緒に歌ったり、演じて遊んだりして表現活動を楽しんでいる。

5歳児ともなると子ども達は、友達とかかわる中で、自分たちのイメージを出し合い、目的をもって一緒に何かを表現していこうといった協同的表現活動へと発展させていく力をもつようになる。生活発表会で物語を友達とつくり上げていくなど、その表現活動の過程で、伝え合い響き合う楽しさを経験し、共に遊びを深めていく。互いの中の経験の溜め込みから、アイディアを出し合い伝え合う。また、他者の考えを理解し合おうとする。こうした遊びの過程で、友達や周囲の大人と笑ったり、泣いたり、ぶつかったり、驚いたりといった経験を繰り返すことで、情動や人への信頼感が育まれていく。

保育者には共感的援助を行うことによって子ども同士の心をつなぎ、互いの絆・関係を深めていくこと、つまり人間関係力（コミュニケーション力）を育むという、大きな使命がある。

人と人をつなぐコミュニケーションの役割

心と心をつなぎ、伝え合うという視点で子どもの表現を他者とのコミュニケーションを図るものと捉えると、様々な手段が見えてくる。

子ども達は言葉でコミュニケーションをとる以外に、互いのまなざしで気持ちのやりとりを行う。つまり、見る・見つめ合う"まなざし"の中に、言葉ほど巧みではない、素朴な気持ちの語りがある。保育者は、子ども達のまなざしの行方をしっかり追い、子どもの気持ちを受け止める必要がある。

また、"まねる"という行為も子ども同士のつながりを深めていく。例えば、子どもがカタツムリの絵を描いている時、一見個々に思いを表現しているように見えるが、「葉っぱの上にお父さん。大きなお家でしょ。横はお母さん。赤ちゃんを背中に乗せているよ」と、絵の中の物語を隣にいる友達に語り、関係性をもちながら描いている。すると、隣の子どもも刺激を受け、「私も赤ちゃんを描こう」とつぶやくように話ながら、"まねる"行為を楽しみ、絵を描いていく。このようなシーンは、絵画活動の中ではよく見かけられる。2人が見せ合い、まねながらそれぞれ物語っていく。個々で描いているようでいて、隣の友達と物語をつくり、関係性を深める。このときの絵は、2人をつなげ深める媒体となっている。

幼稚園の後半では、関係性が強くなり、友達関係も、グループから集団へと広がりを見せていく。集団として遊びのめあてが明確になると、互いに自分の思いを理解してもらおう、相手の思いを汲み取ろうと、やりとりしたり、かけあったり、相手の意を窺ったりしていく。そこで大切になるのは、話し合い活動で、互いの意思の疎通を十分にして、目的ある表現活動を進めていくことである。

以上のことを踏まえながら、保育者は自らが人的環境であることを自覚し、意欲的に子どもが遊びに取り組めるように寄り添い、認め、援助する必要がある。　　　（赤木　公子）

2 物的環境

子どもの感性を耕す物的環境

　幼稚園や保育所における物的環境とは，子どもを取り巻くものすべてと言える。子ども達は身の回りにある様々なものとかかわる中で，硬い，冷たい，ざらざら，ぬるぬる等の感覚や，面白い，楽しい，不思議等といった多くの情動を育んでいる。

　ここで言う感性は，子どもが自発的・能動的にそのものとかかわり，自分のイメージを表現する中で耕される，研ぎ澄まされた感覚を統合して育まれるものである。

　感覚や感性を育む物的環境とは，具体的にはどのようなものであろうか。

　例えば，造形的な創造性や音楽的な表現意欲，身体的な活動を引き出すような様々な素材や道具，楽器や音響機器，玩具や遊具が考えられる。他にも子ども達がかかわって遊ぶことによって，イメージの広がる物的環境は多様にある。

子どものイメージと物的環境

　ものとかかわって遊んでいる時，子ども達が抱くイメージは，一人ひとり違っている。例えば，積み木を電車やロケットといった乗り物をイメージして遊ぶこともあれば，建物に見立ててお家ごっこをしたり，椅子にして腰掛けたりすることもある。子どもがイメージしたものにより，遊びの中で物的環境の意味が変化していくのである。物に対するイメージは，幼児のおかれている現在の状況や興味，関心事で異なる。また，生育環境や経験，発達年齢とも深く連関しており，イメージの抱き方は様々である。

　3，4歳児は，個別にものと対峙する。例えば，バケツの中に入れた泥を，「カレーを作っているの」と言いながら，スプーンで繰り返し混ぜて遊ぶことで，ものと自分の関係を意識する。5歳児になると，目的をもって協同的に遊びを展開する。写真のように，「このビルどこまで積み上げられるかな」と，グループで共に生活をする中で得た経験を生かして，思いを出し合い，創造性豊かな遊びを展開する。

自発的に表現活動ができる援助と環境設定

　情動や感性を耕し，豊かに育てるには，自発的に表現活動ができる環境や援助が必要である。保育者には，「見たい」「聞きたい」「触りたい」「表現したい」といった子どもの意欲をかき立てる環境を，意識的に設定していく技量が求められる。

　ここでは，一人の子どもが園庭の隅にあった石を掘りおこしたことがきっかけで，思わぬ大きなプロジェクトに発展した5歳児の恐竜の遊びを紹介しよう。

　「なんかこの石，ブラキオサウルスの首に似ているよ」の一言から恐竜の化石探しが始まる。「先生，この化石を置いておく所ない？」「この画板はどう？」と画板を用意して渡すと，画板の上に園庭で拾ってきた石を一つずつ置いていき，首の部分をつなぎ完成させた。友達と，「これは先が尖っているから

歯と違う？」「これは奥歯だ。先が丸いから」と丁寧に歯も並べる。3日目には，子どもから「先生，胴体の大きな化石が園庭にはないから，胴体探しに行きたい」と提案が出る。思いを受け止め，子ども達と台車を引きながら，近くの河原に恐竜の胴体探しに出かけた。

　日頃より，保育者が「子どもの感性を刺激する物的環境は，園内のみに留まらない」と環境に対してマクロ的指向であると，子どもたちを容易く園外へと導いていける。子どもたちの納得した大きな石（化石）を台車に乗せ，園へ戻った。既に，画板では大きな化石は入りきらないと予想していた保育者は，縦横1mのベニヤ板を事前に用意した。保育室では，グループの子ども達が家から持参した恐竜の図鑑や絵本が，本棚の半分を占める。草食系・肉食系，空を飛ぶもの，首の長いもの，凶暴なものと分類された恐竜で保育室の床は埋め尽くされる。しばらくすると，レプリカを作って，保育室の真ん中に飾ろうと子ども同士で相談がまとまった。今度は金槌やのこぎりを使い，木工で3mほどのレプリカを作り上げた。博物館と化した保育室の天井からレプリカを吊す。博物館の入り口を作る子ども達，恐竜グッズを売店で売る子ども達。入ったときに「わっ！」と驚くようにと，小学校の図工展で見てきた作品をヒントに，恐竜たちにブラックライト用の絵の具を塗ることを思いつく子どもも出てくる。そこで，保育室の蛍光灯を1本ブラックライト使用のものに取り替えた。「外の光で，恐竜が光らないよ」と子ども達が言い出した。みんなで黒の画用紙や暗幕を窓に貼り付けた。

　ここまでくると，保育者は子ども達自らが試してみて"おかしいな"と問題意識をもち，解決に向かおうとする意欲を大切にしなくてはならない。さらに，後から支えていく"待つ"姿勢が求められる。子ども達の主体性が全面に押し出されてきたのである。一人ひとりが自分の表現したい恐竜像をもちながら，学級全体で協力して恐竜館を創り上げようとしている。「誰かに来てもらって見てもらいたい」「隣のクラスの友達を呼んでこよう」と話がまとまり，隣の学級の子ども達を招待することになる。こうして，恐竜館は園全体の気になる遊びとなっていった。

　「なんかこの石，○○に似ている」という一人の子どもの素朴な内なる思いが，友達と共に「恐竜づくり」というイメージの共有となって，表現活動へとつながった。まさに子どもの自発的な感覚・感受性の耕しから始まった保育である。保育者が当初より準備したものは何もない。しかし，石を持ってきた時，思いを受け止めて，表現活動を可能にしていこうと，次第に必要な準備物を用意していったことが，子ども達を「楽しい」「面白い」「やりきろう」という気持ちに駆り立てていった。

　このように保育者には，子どもの興味・関心を上手く捉え，情動や感性を耕すタイミングのよい援助と保育環境を設定することが求められる。

（赤木　公子）

3 自然環境

自然体験を通して「感じる」ことを大切に

　幼児期の子どもにとって，生活から切り離された抽象的・概念的知識を理解することは極めて難しい。子ども達は自分自身が日々生活している園環境に直接触れて感じ，心を動かし，考え，その思いを自分なりの行為に表そうとする。この直接的体験を通した行為の過程において，豊かな感性や表現力が養われていくのである。その際に一歩となるのが，「感じること」である。

　特に子ども達は園生活における身近な自然環境からの刺激を受けて，興味・関心を高めていくことが多い。領域「環境」の内容や内容の取扱いの中では，子どもたちが自然とかかわることで養われる，感性・表現力の基礎について詳細に説明されている。また領域「表現」の内容の取扱いにも，子どもが自然環境と出会い，環境に主体的にかかわって表現しようとする行為を幅広く捉え，その過程を大事にして感性の育ちを読みとっていく保育者の姿勢が求められている。

　では，具体的に子ども達は，どんな自然環境と出会い，感性を豊かにしていくのであろうか。一部紹介してみることにする。

①土や砂や石・水・火との出会い

②草花・栽培植物との出会い

③虫・飼育動物との出会い

④光と影との出会い

⑤風や雨や雪・雷との出会い

⑥月や星や太陽・宇宙との出会い

⑦池・川・湖・海・森との出会い

⑧いのち（生命）との出会い

　次に，子どもたちの育ちにとって必要な自然との出会い方・かかわり方など「豊かな自然環境」をデザインする際の，園環境づくりの配慮について考えてみることとする。

子どもが自らかかわりたくなる自然環境づくり

　園環境づくりは，園の保育・教育理念や独自性が反映されて，はじめに各園の子どもの実態・園の文化（歴史）・立地条件や地域性を踏まえた上で，保育展開に活かされていくものである。園環境づくりにおける「豊かな自然環境」とは，どういうものであろうか。

　それは，多様なかかわり方ができる学びの多い質的豊かさのある自然環境のことである。

　学びの多い質的豊かさのある自然環境を考える時にポイントになることは，子どもが自らかかわりたくなる環境を構成することである。「環境」がそこにあるだけでなく，その「環境」に刺激を受け，自らがかかわることで，「感じたこと」を表そうとする気持ちになる「環境づくり」が必要である。また，園生活にその環境を「活かそう」とすることで，学級や園の文化が育まれていくという発展性が見られる環境構成が望ましい。前ページの出会いを元に，自らかかわりたくなる環境構成例を2点あげてみる。

①草花・栽培植物との出会い

・四季折々の花を彩りよく園庭に植える。

・自然に生えているような，さながらさを大切にする（つまり観賞のためだけではない花畑を子どもは喜ぶ）。

・土壌を豊かにし，水やりや花柄摘みを怠らないことで，多くの花が咲く（子どもが花

を気兼ねなく遊びに使える。共に水やりなどをして育てることで，植物の生長を実感することができる）。
- 色（種類・鮮やかさ），香り（匂い）のよいもの，また，果実のなる品種を植えることで，五感を通して「感じる」体験ができる（虫がやってくると，いのちを学ぶ保育に発展する）。

②裏山や森との出会い・生命との出会い
- いつでも駆け回れるように安全に配慮し，最低限度の低木の処理をする。
- 走水や，崖，大木などシンボリックな森の自然はそのままにして利用する。
- 「森の中で出会った生き物は，元の場所に返してあげる」といったクラスでの「命のルール」をその場でみんなで話し合う。
- 木漏れ日や日かげ，爽やかな森林の風や空気など森でしか味わえない経験ができる環境を事前に点検しておく。
- 森に生息している生き物の調査をする。

繰り返しの体験の重要さ

前項で見てきたように，子ども達は様々なものとの出会いの中で，感じ，試し，考え，繰り返して，多くの学びを得ていく。園庭に色鮮やかな花々が咲けば，匂いを嗅ぎ，摘み取ってフラワーアートにして保育室に飾ったり，色水を作ったりして遊ぶ。土山に水を入れ，裸足で何度も踏みしめて柔らかい感触を味わった後，友達と水を入れダムをつくり，堰き止めたり，池に笹舟を浮かべたりして遊ぶ。地面に移った友達の影を追って影踏み遊びをしながら，光と影の面白さに興じる。

このように身近なあらゆる自然環境との出会いから，触ること，見ること，嗅ぐことなど五感を通して「感じる」行為を何度も何度も繰り返し楽しむのである。

子どもが感じ表すことを繰り返す行為には，
① 行為を楽しむ時期
② 対象に対する働きかけのあり方（コツ）が見えてくる時期
③ 表現されたものの多様性に気づき，他者の表現に対しても興味が広がる時期

など，経験の溜め込みに重要なプロセスがある。そして「これだと納得し，腑に落ちる」まで，そのものと対峙する意味が込められているのである。その過程の期間の長さは一人ひとり異なっている。しかし，それこそが「学ぶ意欲」を自ら育む大事な過程なのであり，保育者は一人ひとりの今ある過程を見極め，その過程にふさわしい援助とは何かを考えなくてはならない。

（赤木　公子）

4 地域環境

地域に生きる子どもと地域の変化

近年，社会構造の急速な変化に伴い，地域との関係性が希薄になりつつある。少子化，核家族化，共働き，住宅構造の変化などにより，子育てや地域コミュニティーへの参加に対する考え方も大きく変化してきた。

1960年代までは，「向こう三軒両隣」や「遠い親戚より近くの他人」といった言葉がそのまま反映され，誰もが地域と密接にかかわって生きる暮らしがあった。子ども達は，他人の子どもも自分の子どもも分け隔てなく育てられ，してはいけないことをした時に親以外の大人が叱っても，トラブルになるというような話はほとんど聞かれなかった。「地域の子どもは地域で育てる」といった暗黙の了解があったのである。

子育てを各家庭で行う状況になり，近くに頼れる人物がいない母親は孤立や孤独を感じ，子育てに対する不安を抱いている。また，子育ての楽しさを味わうことなく，重責のみがのしかかる状態に陥ることも起こりうる。このように子育てがしにくい時代だからこそ，幼児教育機関には，子育て・子育ちの支援を行う役割が課せられているのである。つまり，幼稚園や保育所が地域の子育て支援センター的役割を果たす由縁がここにある。

各家庭が地域を意識せずに暮らしていると，必然的に子どもの中にも「地域に生きる」意識が希薄になってくる。身近な中高層住宅下の公園ですら，友達と遊ぶオープンスペースにはならず，犯罪や事故防止対策のために，常に保護者の目が必要となっている。

失われた地域の遊び場を保障する

本来，子どもは同年齢や異年齢が入り交じり自由奔放に遊びたい欲求がある。

仙田満は『子どもとあそび』(1992)の中で，「子どもたちの好きなあそびの空間や場所は，昔も今も基本的には変わらないのではないか」と考え，以下の6つの遊びの原空間を示した。①川，池，森など自然スペースで，生き物の誕生や死に遭遇する。②広場，空き地などのオープンスペースで集団ゲームを体験する。③道スペースでは，オープンスペースの役割を果たし，出会いの場にもなる。④押入れや空き地の土管などアジトスペースでは独立心や計画性などを養う。⑤廃材置き場や工事現場，焼け跡などアナーキースペースでは，想像力を刺激される。⑥遊具スペースは，他のスペースの減少によって必要性が増し，遊び場の象徴性をもつ。

子どもたちを取り巻く地域環境の変化を鑑みると，幼稚園の中で6つの遊び空間に近しい状況を設定して，異年齢交流や豊かな創造性が発揮できる育ちの場を保障していく必要がある。

地域環境をコーディネートする保育内容

地域の交流を意識して構想される保育内容は，世代間の交流をコーディネートすることである。自分の専門的技能を還元し地域貢献をしていきたい祖父母世代と子育て不安を抱えている親世代，興味関心をもち創造性豊かに自由に遊びたい子ども世代，この三世代の思いを一つにして，保育コーディネートする世代間交流を意識した保育構想が，今，求め

られているのである。

(1) 祖父母世代との交流

高齢者社会に入り，今まで自分が培ってきた専門分野を活かして地域に還元したいという思いのお年寄りが急増してきている。具体的には，公民館や自治会館での裁縫教室に園児の親子が参加したことをきっかけに，子どもの様子を地域の中で見守ってもらえるようになったと喜ぶお母さんの例がある。一方，裁縫教室に参加したお年寄りからも，「裁縫という特技を活かしながら，子育てについて話すうちに，年長者として尊敬されていると，存在価値の再認ができて，とても嬉しかった」という感想や「幼い子どもたちと三世代交流ができた楽しさに，はつらつさが蘇った」という声も聞かれた。

地域のお年寄りとのかかわりをもとに幼稚園に招き，時には，"みんなの先生"といった名称で，お年寄りの保育参加という異世代交流の機会をつくっていっている。折り紙やお手玉，おはじき，竹細工づくり，おもちつき，戸外あそびなど，お年寄りの特技を活かした地域における文化の継承が可能となり，子どもたちに，日本の文化ならではの"美しさ"を感じる心を育んでいく。

(2) 未就園児との交流

入園前の子育て支援教室を行う。絵を描く，歌や手遊びをする，リズム遊びをする，身体表現をするといった表現活動を未就園児が楽しむ傍らで，保護者に子育ての話をするといった教室を企画する。在籍している子ども達とは，自然探索やお散歩に出かけて季節の移り変わりを一緒に肌で感じる，山の急斜面を活用して滑り降りる，ごっこ遊びをするなど，アナーキーなスペースで共に遊ぶ。

次に，その経験を活かし，園庭や保育室を自由に開放的に使い，何をして遊んでもいいという時間の確保を行い，同じ時間帯に未就園親子も共に場を共有して遊べる環境づくりをした。すると，毎朝，園児と同様に正しい生活リズムで登園してくる未就園児の親子が出てきた。未就園児は，園庭で泥んこあそびを堪能する。このオープンスペースでの保育展開により，入園前に保育者や在園児は，未就園児親子のことをよく知ることができる。未就園児親子も，幼稚園のことが身近になり，緊張せず安心して入園することができる。

(3) 親世代との交流

保護者の中で，園芸や野菜の栽培を趣味とする人が"園芸ボランティア"として子どもたちと夏野菜やイチゴ，サツマイモ等を植えて育てていく過程で，我が子以外の子どもたちと触れ合い，コミュニケーションが図れ，みんなで子育てをする意味を知る。

幼稚園は，このような社会的つながりを生かして保育内容を設定し，柔軟な保育展開のあり方を模索していかなければならない。

(赤木　公子)

5 人的環境としての保育者の存在

幼児と保育者で織りなす保育

幼児期にはその年齢のおおむねの発達過程がある。例えば，4歳児は素材に対する興味や関心の持ち方が一人ひとり様々で，遊び方には個人差があるものの，繰り返し集中して遊ぶ姿が見られる。これらの特徴を考慮しながら，保育者は学級の子ども達の個々の実態を踏まえ，同年齢の育ち合いを大切にした保育展開を工夫して，感性豊かな幼児の育成に努める必要がある。

実践例 秋を感じる

〈秋がいっぱい〉

10月下旬，A保育者が受けもつ4歳児（もも組）の保育室の棚の上には，イチョウやサクラの紅葉・赤い木の実・コスモスの花などがさり気なく飾られ，壁面には運動会の絵が楽しかった一日を知らせ，見つけた秋が小さな画用紙に描かれて横一列に波打ちながら貼られている。保育室の環境すべてが，友達と過ごす楽しい毎日や，クラスの文化を物語っている。A保育者の「色鮮やかで温かい秋を感じさせたい」という思いが，保育室全体から伝わってくる環境構成である。戸外遊びから保育室に戻り，A保育者は子ども達に次のように投げかけた。「秋いっぱい来たね。でもちょっと大変なの。この木の実，きれいねぇって見ていたら，針になっているの。見るとき，気をつけてねぇ。ピラカンサスって言うのですって。もうこんなに秋いっぱいになって，どうしよう？」

開口一番のこの問いかけが子ども達に多くの秋を知らせている。ベテラン保育者の巧みな言葉かけである。具体的に考えてみると，

・「秋が来た」では，まるで秋に意志があるかのような擬人的表現に，子ども達は秋を自分のことのように捉えることができる。

・「でもちょっと大変」では，大事件ではないが，ちょっと大変という微妙なニュアンスが，子ども達を不安がらせず，なおかつ，「何々？」と興味をもたせている。そして，「美しいが，気をつけて触る」ということを印象づける。

・「秋いっぱいになってどうしよう？」では，嬉しい悲鳴に，子ども達が「秋さんいらっしゃいって，机をもう一つ出したらいい」と，アイディアをすかさず出した。ここには，毎日を共に過ごしている保育者と子ども達が織り成す，暮らしの創造，共創の第一歩がある。

〈ドングリから広がる遊び〉

「いっぱいの秋」の中で保育者は，とりわけ今，子ども達が興味関心を示して集めているドングリを使っての遊びを，3つの育ちのステップに分けて，保育展開していた。

ステップ1：透明のペットボトルを4つつなぎ傾斜させて，ドングリを上から繰り返し転がす遊び。

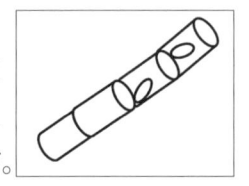

「ドングリ1つ，指で弾くとコロコロ。3つ入れてコトコトコト。たくさん入れるとガシャガシャっていうの」と，転がる音の変化を聞き分けたり，落ちていく時の手応えの違いを楽しんだりしている。聴覚や触覚など五感を活用し，感覚遊びとして誰でもがかかわりやすい環境設定を行っていた。

ステップ2：段ボール板にセロテープの芯を半分にして貼り付け，コリントゲームを作る。牛乳パックをゴールに見立てドングリを入れ，ドングリ滑り台と名づけて遊んでいる。「トンネルのところに3コ入ると止まるよ」「速くコロコロって転がすとゴールまで行くよ」「ホントだ！ ゴールした！」と，子ども達同士で，個数，速度，転がし方を工夫し合える環境にしている。グループ内の友達同士で考えを出し合って遊べる環境である。

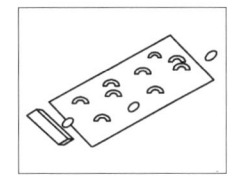

ステップ3：ベニヤ板の上で，爪楊枝を軸にしたドングリこまを回して遊ぶ。

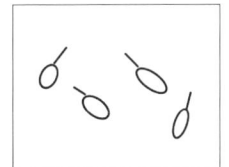

「僕のドングリ，クルクル回って止まらないよ」と皮が剥けそうになっても，自分の大切なドングリこまであるため，何度も確認しながら回すことに挑戦する。回すという手先のスキルが要求されるため，なかなか自分の思うようには回らないが，一人ひとり違った楽しさを見出している。何度も回したい子ども。止まる最後の瞬間までじっと見届けている子ども。友達の回し方をじっくり見ながら，自分の回し方を工夫する子ども。「みんなで回し競争しよう。せいので！」とグループが一体となって，ドングリこま回し競争を始める。

A保育者は，学級として一斉に遊ぶ時間を設定する中にも，一人ひとりの子どもが自分の発達に応じた場所で，存分に繰り返し遊べる時間と空間・場を整えた。特に個人差を活かし，個々の満足度を高めながらも友達間で育ち合う保育環境が設定できるという部分に，A保育者の保育者としての専門性の高さと，保育をデザインする保育者の保育センスを窺い知ることができる。

〈つながる思い〉

最後に学級全体で，思ったことを伝え合う時間を設けた。

保育者：「M君，一つのドングリをずっと持っていたね，宝物ドングリなの？ 何で？」
M児：「大事やから，中から音がするよ」とドングリを耳にあてて振る。「コロコロ音がするよ」と言って子ども達にドングリを渡す。
子ども達：一人ずつ耳元でドングリを振る。
A児：「何か手で触る時も音がしている」
H児：「本当，手に持っていたら手にも伝わる」

「うん」「うん」と次々に嬉しそうに，聞き耳を立てるような表情でドングリの音を聞いては，どの子どもも保育者に向かってうなずく。小さな音の出るM児の大事な宝物ドングリを次々に回してささやかな音と手応えを感じ，保育者とうなずき合った子ども達は，保育者を通して学級全体で共感する心地よさを味わっているようであった。心と心がつながり，知らぬ間に互いに響き合った瞬間である。A保育者は一人の子どもが光る機会をつくりつつ，その子どもの遊びを通して周りの子ども達の思いをつなげ，確認し合っていく情況を見事につくっていった。一周した後，M児は大切に宝物ドングリを道具箱にしまいに行った。

一日の保育は，細切れず丁寧に子どもと保育者の思いを織りなしていく行為である。A保育者のように，「秋がきたね」の一言から，子ども達にたくさんのイメージと表現行為を引き出すことができる保育センスを磨くことが，保育者には求められる。　　（赤木　公子）

6 地域をコーディネート

地域に拓く

　ここでは，実際に幼稚園の保育時間内に行われた"地域での子育て"を意識した実践事例を紹介する。

　N幼稚園の地区は，教育に対する関心度が高く，子どもたちは知的な発達が先行する傾向にある。N幼稚園の子どもたちも，大人の期待に応えようとする知識優先の行動や原体験不足の様相が窺える。

　この現状を踏まえ，5年後，10年後を見据えた幼児教育として，地域の就学前乳幼児全体を視野に入れた，子育てセンター的役割を果たす地域に拓かれた幼稚園を目指している。具体的には，「園，家庭，地域の子育てトライアングルで子どもたちを育てる保育内容」「保育時間の中に未就園児親子も一緒になって遊ぶ園庭開放を行い，そこに参加するすべての人（在園児と保護者，未就園児親子，地域の方など）が共に育つことのできる保育内容」の模索である。ここでは特に，環境を地域に拓いた，やりたい遊び「あかねちゃんタイム」を「地域環境」の視点で取り上げ，未就園児から在園児という発達の連続性を意識した保育実践を紹介する。

やりたい遊び「あかねちゃんタイム」

　あかねちゃんタイムとは，在園児と保護者，未就園児親子，地域の方などが，幼稚園のどこでも，何をして遊んでもよい時間である。子ども達がやりたい遊びを見つけ，創造性豊かに存分に遊びを展開することを願って始めた，N幼稚園での新しい保育形態である。在園児の遊びを保障をする意味でも，基本，月，水，金曜日はあかねちゃんタイムに未就園児も参加できる日であり，火，木曜日は在園児のみで遊ぶ日としている。

「子育てトライアングル」で共に育ちあう

事例1　楽しいな！スクーターすべり！

　N幼稚園には，約20メートルの急な坂道がある。その坂道をスクーターに座りまたがったまま，滑り降りる遊びをしている。

　入園前の3月，未就園のA児は母親に付き添ってもらい，在園児（4，5歳児）が坂道を降りるのをまねながら，坂道の途中からゆっくり降りて遊んでいた。

　4月入園後，A児は早速スクーターで坂道を滑る遊びを始めた。一人で，坂道の途中からおそるおそる足でブレーキをかけ，スピード調節を行いながら降り始めた。

　5月下旬，A児は自分の足の裏でスピードをコントロールして滑るようになった。幼児の中には，ハンドルを持ち，体で左右のバランスを取り，足を高く上げて，そのスピード，スリルを楽しむ姿も増えてきた。また，坂道の途中からスタートし，「今日はここから（滑ることが）できるようになった」と坂道を降りる距離に関して自分のめあてをもって遊ぶ幼児もいる。

　参加人数が増えると，滑る際に危険な場面が見られた。保育者も遊びに入り，「（坂の）下に誰もいなくなった，出発しよう」「今，（坂の）下に人がいるから待てお

こう」と，遊びながら個々の気づきを出し合った。「コースを作り，降りるのは３人ずつ」「下まで降りたのを確認してから滑る」「下から上る時は坂道に引かれた白線の中を通る」等のルールができてきた。

事例2 みんな大好き！砂場遊び

　砂場は，在園児，未就園児親子が一緒になって遊ぶ場となっている。４月下旬，入園前に親子でごちそうを作って遊んでいたＢ児は入園後も教師と共に砂場でごちそう作りを楽しんだ。周りには同様にごちそう作りをする４歳児がいる。隣では，４～５名の５歳児が裸足で大きな穴を掘り，バケツで繰り返し水を流して遊んでいた。水がたまると，「温泉ができたよ。冷たいけど気持ちいいな」とその中に入る。保育者が「大きな温泉できたね」と声をかけると，側にいた４歳児や未就園児親子はその様子を見ていた。未就園児親子は在園児の遊びを見ながら，親子でごちそうを作ったり砂に触れたりして遊んでいた。在園児，未就園児が個々に自分のやりたい遊びを行いながらも，周りの幼児の遊びに目や耳を傾け遊ぶ姿が見られる。

　６月頃になると砂場での遊びも盛んとなる。１～２人の５歳児が砂場の遊びに入ることにより，ダイナミックな遊びへと盛り上がり，４歳児もまねてやってみようという姿が多く見られる。砂や泥に触れない未就園児にスコップを持ってきて手渡すなど，いたわりの姿が見られる。

事例3 竹馬に乗れたよ！ありがとう

　１学期，保護者の方と一緒に竹馬作りを行った。その後，「あかねちゃんタイム」で竹馬に挑戦する子どもが増えた。その様子を見て，保護者も，竹馬の補助をするようになる。

　最初はわが子の補助が中心であったが，次第に，わが子以外の補助もするようになる。保護者の方の支えもあり，１学期の間にほとんどの子どもが竹馬に乗れるようになった。

　Ｃ児は，１学期の間には，竹馬に乗れなかった。夏休みの間も練習を重ね，あと少しのところまでになっていた。２学期の始めになって，竹馬に乗る幼児も練習中の幼児も少なくなっていたが，Ｃ児は始業式翌日から毎朝繰り返し竹馬の練習に挑戦した。「もう少しで乗れそうだ」とＣ児自身も感じていようだ。ある日，何度も練習することで足が痛くなり，途中で休憩をとりながら練習していた。ところが足の指の皮がむけて，少し休憩をとることになった。そこで，保育者もＣ児から離れ，他の幼児の様子を見に行った。しばらくして，保育者がＣ児のところに戻ると，Ｃ児はＤ児の母親に竹馬を補助してもらいながら練習していた。Ｄ児の母親はＣ児に「あと，もう少しだよ。がんばって。その調子でね」と励ましながら支えていた。Ｃ児とＤ児は学級も違い，普段，一緒に遊ぶような関係ではなく，母親同士も顔見知り程度の関係であった。

　Ｃ児は再び，足が痛くなり休憩をとった。その時，Ｄ児の母親が「もう少しだからね」と励ましていた。休憩後，今度は保育者が補助に入ると，Ｃ児は竹馬に乗れるようになった。Ｄ児の母親はその様子を見ており，「がんばったね。すごい！」と拍手を送った。

　「あかねちゃんタイム」は，幼稚園・家庭・地域の三者が，支え合い絆を強くし，"保育の共創"を試みた一事例であったといえる。

（白石　肇・赤木　公子）

7 五感を通して感じる保育の展開

感動する出来事との出会い

　自然環境の中で「子ども達が五感を通して感じる保育」とは，どのような保育のことであろうか。実は，何か特別な保育内容があるわけではない。子ども達は，登園から降園まで一日の生活の中で，五感をフルに働かせて遊んでいる。このことに保育者が強く意識を向けるには，保育者自身の感性が大きくかかわってくる。

　つまり，子ども達の心が動くような出来事との出会いを保育者がどのように工夫して環境を構成し，保育をデザインしていくか。また，保育の中で心を動かしている子どもの姿を受け止め，感動がさらにふくらんでいくようにいかに導き支えていくかが，保育を展開する上での要になる。

「風を感じよう」見えないものに気づいて

　そこで，実際の保育の中で，子ども達が使っている五感の種類や頻度，子ども達のきらりとひかるつぶやき（思いの発露）を意識して洗い出すことを試みた。
実践事例：「風を感じよう」5歳児
期間：4月中旬～6月下旬
実践のきっかけ：園庭の桜の花びらが風に舞い，一気に散っていく様子を見た子ども達は，「すごい！」「きれい！」と口々に叫びテラスに飛び出し，花びらが風に舞う様子に心を動かし見入っていた。4月下旬，子ども達はこいのぼりが緑の風になびいているのを見ながら，風の心地よさを感じ始めた。

　風は見えないにも関わらず，大変身近に感じ取れる自然素材である。保育者は，年間を通して一番心地のよいこの時期に，子ども達に風の強さ・弱さ・心地よさなどを全身で感じながら遊ぶ楽しさを味わってほしいと願い，「風を感じる」保育を展開していった。

(1) 風の存在に気づく （4月23日）

　爽やかな風の心地よさや季節を感じてほしいと願い，自分達が製作したこいのぼりを揚げ，五感で風を感じるように配慮した。

　最初は垂れ下がる状態のこいのぼりだったが，誰からともなく「こいのぼり」の歌を歌い始める。しばらくするとこいのぼりが気持ちよさそうに泳ぎ始めた。

　「あ，風が吹いてきた」と保育者がつぶやく。
（子どものつぶやき）
「こいのぼりが泳ぎ始めた」
「風がお腹の中に入って膨れてきた」
「すごい！　いっぱい泳ぎ出した」
「風が吹いたからや」

　こいのぼりが泳ぐ様子から風を感じ，青空に泳ぐこいのぼりを見上げている。

　そして，きらりとひかる一言をつぶやいた。

「こいのぼりのごはんは風さんや」

　この時子どもたちは，こいのぼりの動きや

お腹の中の風の動きを見る〈視覚〉を活用し風の存在に気づいた。

(2) **風の心地よさを味わう （5月7日）**

　保育者は，少しでも風の心地よさを感じさせたいという思いから，保育室の窓際に，風車を置いたり，チャイムを吊るしたりする環境を整えた。目に見えない風を，いかに心に留めることができるかを工夫した環境設定である。〈聴覚〉でチャイムの音を，〈視覚〉で風車の回転や風の動きを感じ，心地よさを味わえるようにという保育者の配慮である。
(子どものつぶやき)
　「風車が回っている」
　「チャイムが鳴り出した，心地よいな」
　「風が吹いて，気持ちいいね」
　「涼しいな」
　子ども達は風が吹いてくると，チャイムの心地よい音に耳を澄ませたり，風車が回っている様子にじっと見入ったりして，自ら風を感じ取ろうとしている。

(3) **風を見つけてつかまえる （5月21日）**

　子ども達は，こいのぼりが泳いでいる様子を見ながら風を感じ，棚の上の風車で風を捉えようとしている。保育者の「みんなも風車作ってみる？」と言う投げかけに，子ども達は作る意欲を見せる。個々に風車を作り上げて，早速戸外に飛び出し，風見つけに出かけた。
(子どものつぶやき)
　「こいのぼりが泳いだら風さん来るよ」
　「こっちから風吹いているよ」
　「手がブルブルとなる」
　「今日の風はきついなぁ」
　「じっとしていても，ずっと回っている」

　子ども達は，自分で作った風車を手に，多様な感じ方・試し方・考え方・こだわり方をみせる。保育者は，個々の子どもたちの経験をまるごと受け止め，子どもが経験から発見した驚きや感動に共感し，周囲の子どもたちに感動を伝えていった。こいのぼりの動きを見ながら，風の方向を探し，風車の向きを変える子ども。強い風の時には，持ち手の割り箸から手に伝わってくる振動で，風を捉え手応えを感じている子ども。各々が風車の遊びから，〈触覚〉を働かせ，速度や強弱，向きや手応え等に気づいている。

> 「今日の風はとっても速い」

　子どもならではの風に対する表現である。目には見えない風ではあるが，子どもの内には，風の存在がしっかりと位置づいている。
"今日の風はいつもの風とは違う"それを感じることのできる感性が育まれつつあった。

(4) **様々な風に出会う （6月25日）**
(子どものつぶやき)
　「この頃風さん吹かないね」
　「吹いても温かい風だよ」
　「あれ，今日の風，カレーの匂いだ」
　風の速さ，温度の違いに気づいている。風によって，四季の移り変わりも感じている。
　子どもたちの風に対する意識は，風の温度，隣の小学校から運ばれてくる美味しそうな匂い〈臭覚〉に至るなど，バリエーション豊かになる。保育者は，"風"をテーマに子どもたちの感じたことを丁寧に受信しながら長期的な保育展開を行った。五感を大切にした地道な取り組みは，子ども自らが五感を駆使し育とうとする力を助長することとなる。

(赤木　公子)

8 感性を育む指導計画

オリジナリティーのある指導計画を

　第6章では感性を育む保育実践について，具体的に事例をあげて援助のあり方を探ってきた。こうした保育実践を行う際には，園内の保育者間での綿密な保育カンファレンスが必要である。その際，保育の大きな羅針盤となるのが，その園の独自性を活かした指導計画である。指導計画の作成にあたっては，様々な視点から幼児の発達の方向性を見ていく必要がある。ここでは，豊かな感性の育ちを辿っていく発達連関表を手がかりとして，子どもの表現の発達過程を見つめ，指導計画を作成していった一例を紹介する。前に述べたN幼稚園の事例である。

感覚から感情へ

　実践当初は「感覚と感性の一覧表」を作成し，五感を意識した検証を行った。日々の保育の際に，どの感覚器官を駆使して子どもが表現活動を行っているかを洗い出し，省察する方法を取り入れた。自然や物との出会いでは五感で感じたことが新たな発見となり，さらに遊びが広がるように援助することができた。しかし，保育を展開する中で五感の研磨に携わるだけでは，豊かな感性は育まれないことが明らかになってきた。人とのかかわりや創造性のある遊びの中では，五感の感覚だけでは表しきれない認知要素が多く出てきたのである。そこで，【表1】「感性の育ちを支える発達連関表」を参考に幼児の発達を保育者間で確認し合い，情動や言語，社会性などの多様な側面を押さえて，幼稚園全体で豊かな感性を育んでいく保育展開を考えていった。

【表1】感性の育ちを支える発達連関表

発達過程	認知	情動	言語	社会性
Ⅰ～Ⅲ期 4歳児4月～10月	感覚	欲求 (エネルギー)	言葉 (つぶやき)	個
Ⅳ～Ⅶ期 4歳児10月中旬～5歳児8月	イメージ	意欲 (～したい)	物語性 (もの語る)	対人関係
Ⅷ・Ⅸ期 5歳児9月～3月	思考 (工夫する)	動機 (～のために)	概念・一般化 (誰にも伝わるように)	集団

　2学期以降になると，集団意識を促す保育内容が増していく。そんな中で，N幼稚園の子どもが「自分のしたいことをする」という感情の育ちに弱さを抱えていることが見えてきた。友達とかかわる際に自分の思いを素直に出しきれない姿がよく見られた。また，大人（保育者）の期待に応えようと無理をして戸惑う姿も見られた。やはり，ことばや知識を優先させるあまり，原体験が足りないようである。感覚や感情が十分に耕されずに育ってきた子ども達の実態から，保育者達は感性のベースとなっている「感覚」のみならず「感情」にも視点を当てた保育の必要性を感じ始めたのである。

感性の育ちを支える感情の発達

　感情は，「感覚」と「感性」をつなぐものとして位置づけられる。「N園の子どもの実態」として，他者の思いを受けとって，そのために動こうとするよさをもっている。しかし一方で，自分が本当は何をしたいのかが意識できておらず，それを押し出す欲求も発揮されていないように思われた。
　そこで，N幼稚園の子どもが自分の思いを

表現していくには，次のような感情の発達過程があるのではないかと仮定し，以下のような「感情モデル」【図1】を作成し，一人ひとりの「感情のあり方」を探ることとした。

感性の育ちを支える感情の発達はⅠからⅣの方向に進むと想定している。

【図1】感情モデル

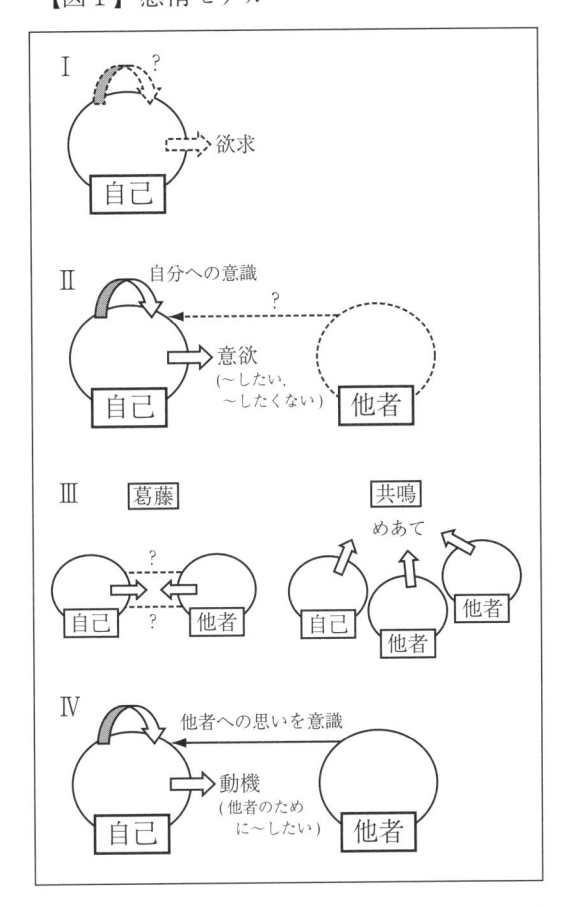

Ⅰ）**自己のみの欲求**：自分とモノとの関係性において，満たされたい欲求がある。「触りたい」「欲しい」等の欲求が顕著な状態。

Ⅱ）**他者への関心**：他者に自分の意思を伝えたい，例えば遊ぶ中で「虫を助けたい」「虫を逃がしたい」と，自分の意識を明確にしようとする状態。

Ⅲ）**葛藤と共鳴**：他者との関係性において自分の欲求のままにならないという情況。「同じだね」と同意したり，目的の共有化を図ったりする状態。

Ⅳ）**他者の思いに対する気づき**：他者への思いを意識し，他者のためになりたいという思いが起こる状態。

N園の子ども達は，Ⅰ～Ⅲを十分に経験することなくⅣの状態を身につけているように思われた。そこで，保育者自身が援助についての意識転換を行うと共に，保育内容の転換をすることにした。そこでは子ども自身がまずしたい気持ちを表現し，行為に移し，意識することを重視した。

本章6のやりたい遊び「あかねちゃんタイム」の誕生である。

子どもの意欲を中心とした指導計画へ

保育形態を転換したことで，保育者の保育に対する姿勢に飛躍的変化が窺えた。従来の「保育者が子どもの活動の行方を予想し，環境を整えて遊びをつくり，外面的に現れた結果をその都度点検し評価する保育」から「個々の子どもの荒削りでも素朴な遊びに保育者がよりそい，子どもがしようとしていることを地道に探り，内面的な育ちを長期的な視点で評価するプロセス重視の保育」へと変化した。「子どもが感じている楽しさの要因の追究」をする中で，何よりもその子どもの思いが実現できる援助を行っていった。外的成果を求めるのではなく，常に子どもの内的育ちを見つめて保育を行うこと。保育者が先入観にとらわれることなく，子どもの主体性を尊重する保育，まさしく「子どもが自分の思いを素直に表現することのできる保育」の具現化である。

（赤木　公子）

9 保育者養成校とのかかわり

確実な実践力と現場への貢献

　保育者養成校において，保育内容を「領域」に教科のように分けて教授することが一般的になっている。しかし，実際の幼稚園や保育所では，保育内容は園生活の全体を通じて指導するものであり，常に関連づけて指導する必要があると幼稚園教育要領や保育所保育指針にも明記されている。

　また，実習を経験した学生たちの多くが，「子どもに即した効果的なことばかけやかかわりをしていくためには，実習だけでなく，一日でも多く，園の子ども達とかかわりをもつことが必要だ」という反省・考察を実習日誌に書いている。このことを踏まえて，日頃からの保育者養成校と幼稚園・保育所との連携を通じて，確実に実践力を身につけていくこと，そして，保育者養成校のもつ知的，人的資源をいかに実際の現場に貢献させるかということを考える必要がある。

保育者養成校がかかわることの意味

　保育者養成校と幼稚園・保育所との連携により，以下のような効果が期待できるだろう。

・幼稚園・保育所と，教員や学生の連携により，現場に必要な実践力の育成はもとより，講義で培った理論的な構築も可能となる。
・学生の実践力について，理想論に終わらず実際の教育・保育現場で必要とされるスキルを身につけることが可能となる。
・保育者養成校の教員による幼稚園・保育所の現場で働く現職者へのリカレントとともに，教育・保育現場で必要とされる教材や実践を考察する場となる。

　このような効果を得るために，園での造形や音楽などのワークショップや保育ボランティアに保育者養成校の教員・学生が積極的に参加することを通じて，実際の保育の現場についての理解を深めていく必要がある。

　そして，保育者養成校の教員は，保育現場で必要とされるスキルを獲得できるカリキュラムの見直しを図りながら，学生や現場で働く現職者へ常に新しい情報や理論の構築を提示していくように心がけていく必要がある。

保育者養成校の立場から

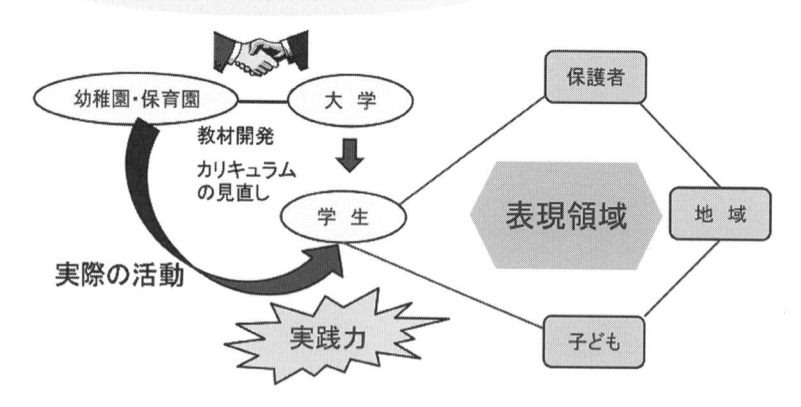

資料協力：やまなみ幼稚園　園長　田中文昭　　（矢野　真）

第7章
実物公開！「表現教育」の指導計画＆評価

大好きな雨の日は，園庭に出て雨粒や水たまりを探検する4歳児

　感性を育む保育は，まず目の前の子どものありのままの姿を理解することから始まります。そして，その子どもの感性的な発達の姿を捉え，その発達に照らして保育のあり方を問い直すという評価がどのようにして行われるのかを考えてみます。
　また，就学後の表現教科や人とかかわる力を育てる学級経営のつながりついても言及します。

育ちあう評価

表現教育における子どもの育ちとは

表現教育は子どもの何を，どのように育てるべきなのだろうか。

子どもは日々の生活において様々なものや人や環境と主体的にかかわり，美しいものに触れて「きれいだなぁ」と感じたり，興味を引かれるものに出会って「面白そうだな」「やってみたい」などと心を動かしている。五感を通した気づきをもとに重ねられる多様な体験は，子どもの感性や表現力を豊かに育み，イメージに溢れた様々な表現を生み出していく。その過程で子どもは思いや意欲を保育者に受け止められ，理解されることによって，表現する喜びや自己肯定感を感じる。仲間である友達と感動を共感し，伝え合うことによって人とつながる喜びを感じながら成長する。

表現教育では，様々な体験を通して子どもの感覚や感性を耕すことが目標とされる。さらに，人との豊かな感情体験を通して他者の思いや考えに気づき，人への思いやりや優しさが芽生え育つこと，子どもが主体的に行動する意欲をもつことなども期待される。

表現教育において保育者に求められるもの

子どもの感覚を耕し，豊かな感性を育む表現教育では，保育者は子どもの素朴な表現や，そこに込められた思いや心の動きを丁寧に読み取り，受け止める姿勢が求められる。そのためには保育者自身も感覚を研ぎ澄まして，美しいものや心動かす出来事に触れて感動を味わったり，楽しさを体験し実感するなど，自ら豊かな感性を培うことが必要である。

また，子どもが自分のしようと思うことやすべきことを自分で決め，素直に思いを表現できるように促すには，長期的な視点で子どもの内面的な育ちをみつめて保育し，評価することが求められる。

園内の保育者間の綿密なかかわりも表現教育の実践には有効であり，保育者同士の成長を援助し支える。以下のことばは経験の異なる同僚とのコミュニケーションの重要性を物語る。

「普段から，自分の保育の話を聞いてもらったり，子どものみとりや考えを聞かせてもらったりしている。その都度，経験の異なる同僚の意図やみとりから勉強させてもらっているが…共に考え，話し合えたことで，子どもの姿のどの部分を切り取っているのか，子どもの行動をどう理解しているのか，また，発達をどう見据えているかなどが学べ，とてもいい勉強になった。」(『神戸大学付属幼稚園研究紀要36』2012)

子ども達の発達を保育者間で話し合ったり，園全体で子どもの豊かな感性を育んでいこうとする保育展開の姿勢は，指導計画にも活かされ，豊かな感性への導きとなるだろう。

育ちあうことをめざして

表現はかかわりの中で意味をもつ。集団生活の中で人との関係性から様々な感情が生まれ，生きるエネルギーとなって表現力を育んでいく。子ども同士，保育者と子ども，そして保育者同士が共に育ちあうことをめざして，自己点検し，評価のフィードバックを重ねることが大切である。

(岡林　典子)

1. 表現教育の目標と評価

1 目標と評価の観点

表現教育の目標

子どもの豊かな感性は，日々の生活経験を通して人やものや自然などの環境と十分にかかわり，心を動かして様々な表現を重ねる過程において育まれてゆく。子どもの成長・発達の実態に即して，『幼稚園教育要領』『保育所保育指針』における領域「表現」では，
「感じたことや考えたことを自分なりに表現することを通して，豊かな感性や表現する力を養い，創造性を豊かにする」
という目標のもとに，3つのねらいがあげられている。

(1) いろいろなものの美しさなどに対する豊かな感性をもつ
(2) 感じたことや考えたことを自分なりに表現して楽しむ
(3) 生活の中でイメージを豊かにし，様々な表現を楽しむ

そうした目標の達成を図るために，保育者は具体的なねらいや内容を明確に設定して適切な環境を構成するなど，子どもの感性を育む指導計画を作成し，指導実践を行わなければならない。

指導計画と評価との関係性

指導計画とは，幼稚園や保育所の教育課程・保育課程に基づいて，各園所の目標や方針を具体化する実践計画である。目の前の子どものありのままの実態（発達）を捉え，めざす子ども像を明確にした上で保育実践を展開するために，具体的なねらいと内容，環境の構成，保育活動の展開と保育者の援助，家庭や地域との連携などを計画したものである。

保育者は一日の保育を終えると，子ども達一人ひとりの遊びやエピソードを思い返し，保育者として適切な援助が行えたか，環境の構成は適当であったか，子どもの思いによりそえていたかなどを丁寧に記録を取りながら省察する時間をもつ。さらにこれらを基に翌日の保育の計画を立案し，翌日はその指導計画に添って保育実践していく。保育はこのような一連のサイクルの中で行われており，その反省や評価は幼児の発達を理解することと保育者の指導の改善を図るために不可欠である。

評価の観点

表現教育における評価では，表現された作品や結果の出来ばえの優劣を判断するのではなく，一人ひとりの子どもの表現に込められた思いや考えを理解し受け止めて，子どもの中に表現活動を通してこれまでにあげた目標やねらいに即した心情や意欲，態度が育っているかを検証していくことが求められる。具体的な評価の観点として以下に数点をあげる。

・子どもの身の回りや生活の中に心動かし美しさなどを感じる環境が用意されているか。
・子どもは表現する楽しさを感じているか。
・表現活動によって子どもに自己肯定感や他者とつながることの喜びが育っているか。
・保育者のかかわり方は適切であったか。
・設定したねらいや内容は妥当であったか。

本章2では，表現教育の目標を踏まえた具体的な指導計画《感性を育む指導計画》とその評価について述べる。

（岡林　典子・赤木　公子）

1．表現教育の目標と評価

2 感性を育む指導計画と評価

表現教育における指導計画

　表現教育における「豊かな感性」は，感動を他の子どもや保育者と共有し，様々に表現することなどを通して養われる。次頁の【表1】は一般的な幼稚園の長期計画ではなく《感性を育む指導計画》である。2年保育の子どもの感性の発達の節目をⅠ期からⅨ期に分けた計画のうち（第6章8の【表1】「感性の育ちを支える発達連関表」を参照），最後のⅨ期にあたる5歳児（1月～3月）のものを示した。遊びを通して育まれる**感覚**と**感性**（子どもの発語から読み取る），そしてそれを支える**環境構成**と**援助**に着目して計画している。左欄には，その時期に子どもが興味をもち，積極的にかかわって遊ぶと予想した特徴的な表現活動をあげている。

　例えば，「氷作りの遊び」では，感覚的に感じることとして，冷たさ・形・不思議さ・美しさなどを予想している。そして，子どものつぶやきを感性として捉え，「バケツの中に氷ができている」「カップに水を入れて外に置いておこう」「明日は花びらや実を入れよう」等のつぶやきを想定し，実践を予想した。

　お話の遊びはその時期に一番経験させたい表現活動であるため，右欄で具体的に環境の構成や援助キーワードを含めて計画している。

　保育者は，このお話遊び『エルマーの冒険』の表現活動を，学級の子ども達一人ひとりの発達を大切にしながら計画していく。例えば，実際の話の中には出てこない言語的表現としての早口言葉や，身体的表現としての大縄跳び，音楽的表現としてわらべうたなどを，保育者の表現力と保育をデザインする力により計画している。それは，この遊びを通して子ども達にバランス感覚・敏捷性・リズム感・跳躍力・想像力・協力・責任感・達成感・仲間への思いやりなどが育つだろうと考えるからである。

　このように，表現教育における指導計画はめざす子ども像へと誘うために，子どもの心身の発達と実態に即して，言語・音楽・身体・造形・コミュニケーションなど多様な領域を総合的に絡み合わせて計画するものである。

《感性を育む指導計画》の評価

　就学前教育の最終期（Ⅸ期）では，"人へのやさしさや思いやりの心を育む"ことが表現教育の目標の一つである。この事例では，特になりきり遊びの中でライオンとの知恵比べを行い，折り合いをつけて相手を尊重する気持ちが育まれていった。保育の具体的内容は，毎年その年の子どもたちの興味関心により異なるが，子どもにその時期に習得させたい力は普遍的といえる。保育者は生活発表会を迎えるまでの過程で，学級の子ども達が互いに思いやりをもち，協力しながら遊びに向き合っているかを，遊びごとに丁寧に点検すると共に，個々が満足して自己表現できる状況がつくり出せているかを評価し，明日の保育へとつながるように検討し，改善していく必要がある。

（赤木　公子）

【表1】豊かな感性を育む指導計画　第Ⅸ期（1月～3月）　凡例：○感性豊かな遊び・感性に響く言葉
◎特に経験させたい表現活動の具体的内容

子どもの表現活動の予想

○ **氷作りの遊び（自然）**
- 感覚　冷たさ・形・不思議さ・美しさ・気温・季節
  - 「バケツの中に氷ができている」「冷たい」「分厚い」
  - 「幼稚園に来るとき，溝にも出来ていた」
  - 「氷を作ろう」「カップに水を入れて外に置いておこう」
  - 「出来ている！ヤッター！」「カチコチや」
  - 「明日は花びらや実を入れよう」「きれいだよ」
  - 「今日も寒いから，明日も氷できるよ」「今日の気温は何度かな？」

● **お話遊び（エルマーの冒険）**
- 感覚　見立て・タイミング・身体表現・言語表現，共鳴
  - 「エルマーここから一歩も通さないぞ」
  - 「ライオンさん，それならクイズで知恵比べだ」
  - 「くやしー！負けた」
  - 「今だ！逃げろ」

○ **マラソンの遊び（身体感覚）**
- 感覚　身体の動き・速度・持久力
  - 「しんどいな」「最後まで頑張ろう」
  - 「身体がぽかぽかしてきた」
  - 「手が冷たくてボタンがはめられないよ」
  - 「体操したり，走ったりした後は気持ちがいいね」

○ **春の花との遊び（自然・人とのかかわり）**
- 感覚　光・冷たさ・輝き・太陽のぬくもり・光
  - 「チューリップの芽が出てきている」
  - 「葉っぱの雪が太陽に照らされてキラキラ光ってる」
  - 「きれいだな」「エメラルドみたいだ」
  - 「土がカチカチになっている。霜柱っていうんだって」
  - 「チューリップの芽，冷たいだろうね」「早く大きくなあれ」
  - 「早く花が咲いたらいいな，チューリップが咲いたら小学校だ」

特に経験させたい表現活動　**お話遊び（エルマーの冒険）**

お話遊びの環境構成と援助のキーワード

◎ **冒険へ出発する合図から昔遊び**
（かくれんぼ・わらべうた・缶けり）
（身体感覚・リズム表現・人とのかかわり）
- 感覚　敏捷性・相手の気配・リズム・身体を存分に動かす心地よさ
  - 「鬼がきた！隠れよう」「鬼の動きを見て動こう」
  - 「今だ！○○ちゃんを助けよう」
- 環境構成　隠れる場所の安全に配慮する
- 援助　滑りやすい所など，注意を促す

◎ **なりきり遊び**
（身体表現・造形表現・人とのかかわり）
- 感覚　視覚・聴覚・想像力・協力
  - 「猛獣が怖くて泣いちゃった」
  - 「怖くて動けないよ」
  - 「絶対に先へ進ませないぞ！」
  - 「何があってもあきらめないよ」
- 環境構成　お話のイメージがふくらむような造形材料を用意する
- 援助　教師も一緒になって，お話の世界で楽しむ

◎ **生活発表会での遊び**
（身体表現・人とのかかわり）
- 心情　協力・責任感・達成感
  - 「一人ではできないけど，みんなと一緒だとできるよ」
  - 「次は自分の番だ，頑張ろう」「たくさん拍手してもらったら嬉しいな」
- 環境構成　舞台の設定
- 援助　役割を意識し，協力して発表会に向かおうとする気持ちを支える

◎ **ゴリラとの出会いから言葉遊びへ**
（早口言葉）（言葉・人とのかかわり）
- 感覚　口の動き・聴覚・友達との気持ち合わせ・視覚
  - 「速いだけじゃなくて間違わずに言うんだよ」
- 環境構成　早口言葉カードを制作する紙や筆記用具を用意
- 援助　自分たちなりのルールを決めるように声をかける

◎ **ワニとの出会いから橋渡りの遊びへ**
（コマを回してお盆の上を跳ぶす）（物とのかかわり・人とのかかわり）
- 感覚　手の動き・タイミング・バランス・友達との気持ち合わせ
  - 「まっすぐ回ったら成功するよ」「りゅうのために絶対わたるぞ！」
  - 「コマが回ったらすぐ並ぼうね」
- 環境構成　橋を渡りきれるだけのお盆を用意する
- 援助　りゅうのために成功させたい気持ちが高まるように声をかける

◎ **島へ到着する冒険から大縄跳び遊び**
（身体表現・人とのかかわり）
- 感覚　バランス感・敏捷性・タイミング・気持ちを合わせる
  - 「跳べるようになった。嬉しい」（一人跳び）
  - 「一緒に跳ぼう！」（二人跳びへの挑戦）
  - 「35回も続いている！すごいね！」
- 環境構成　重みのある短縄を用意する
- 援助　子どもの跳ぶタイミングを感じて，縄を回す

1．表現教育の目標と評価

３ 評価の方法

　一般に教育評価の方法の観点には，大きく**評価基準**によるものと**評価機能**によるものとがあり，前者は**相対評価**と**絶対評価**，**個人内評価**の３つに大別される。それでは幼児教育の中で評価はどのようにして行われているのだろうか。ここでは評価基準と具体的な評価の方法について簡単に述べる。

保育の評価の基準

　一人ひとりの幼児の発達の姿がどのように変容しているのかを捉えることに主眼を置く保育では，当然のことながら，クラスの集団の中で他の子どもと比較して優劣を測り，相対的な位置づけを行う相対評価は全くそぐわない方法といえる。また，一般化された発達の基準に照らして子どもを比較し，優劣を判断することも誤りである。しかし，育てたい子どもの姿があり，目標（ねらい）を設定し，その目標に向かって意図的，計画的に援助を行うには，そのねらいをどの水準まで達成したのかを見極める評価が必要である。

　『幼稚園教育要領』『保育所保育指針』の各領域における「ねらい」は，教育全体を通して育てたい**子どもの育ちの方向性（＝目標）**であり，領域「表現」における３つの「ねらい」にも，表現の活動を通して子どもに育てたい**心情**，**意欲**，**態度**が示されている。

　幼児教育の評価はこのように育つことが期待される心情，意欲，態度がどのように子どもの中に育っているかを評価する絶対評価といえる。そして特に重視されるのは，一人ひとりの生活経験や興味関心の異なる幼児の今の姿を捉え，今その子に必要な経験は何かを見極めながら援助することである。そして，その変容や良さや可能性を見出して励ますことで子どもに達成感や自己肯定感を育てることのできる個人内評価の考え方である。

　このように幼児教育の評価の基準は，絶対評価と個人内評価が基本となっている。

　そこで，評価の具体的な方法は主に次のようになされている。

具体的な評価方法

(1) 日常の子どもとの温かな触れ合いを通して行う。

(2) 日常の保育を観察し記述する。

　①毎日の保育の中で特に心に残ったこと（エピソード）を自由に書き留める。

　②日案や週案によって一日や一週間の保育を振り返り，予想と照らし合わせながら子どもの姿を捉える。

　③写真やビデオの記録をもとに多様な視点から振り返る。

　④個人票をつくり整理してまとめる。

(3) 複数の保育者で協議する。

　個々の保育者が蓄積している経験や課題を共有して，意見や問題を整理し，新たな認識や考え方に至ることを促す。

　本章1の感性を育む表現教育の評価の観点にそって，上記のような方法から読み取るものは，個々の幼児の生活の変化とその姿を生み出した状況であり，教師自身のかかわり方である。そこから保育全体の改善の方法へとつないでいくことが求められている。

（山野　てるひ）

2．円滑な幼小連携のために

4 発達の連続性に支えられた表現教育

幼児期の発達を考える

　幼児期は，運動や情緒の発達，知的な発達や社会性の発達など多様な側面が関連しながら総合的に発達していく。しかも個々の発達の過程は個人差も大きく螺旋的である。保育者は個人差のある個々の「発達の過程」を理解すると同時に，子ども達が仲間との関係性の中で発達していくように援助していく必要がある。特に，幼児期に協同的経験を重ね，人とかかわる力を育むことが小学校以降の集団学習の基盤になる。

幼児期から児童期への発達の連続性

　『幼稚園教育要領』では，「幼稚園教育が小学校以降の生活や学習の基盤の育成につながる」として，幼小接続の重要性が示されている。発達の連続性を踏まえて小学校との連携を考える時，生活科や図画工作などの教科は，幼稚園での自発的・創造的な遊びの内容と関連させやすい。

　幼児期の発達（育ち）の基盤となるのは，遊びを通した豊かな感情体験である。その後，児童期になると，教科の体系化の中で知識や経験を蓄積していくことが可能となる。しかし，児童期の年齢があがるにつれて相対的な評価に傾斜していくため，子どもは自己肯定感や自己有能感を低下させる傾向もみられる。

　そのような問題の背景には，幼稚園と小学校の教諭の互いの教育内容に対する理解の不足もあり，幼小の交流を通して相互の理解を深める必要がある。

幼小の交流にみられる表現活動

　N園では泥遊び・シャボン泡遊びの交流を5年生と5歳児で行った。5年生が泥やシャボンの泡の感触を思う存分味わい，幼稚園児と共に没頭して遊んでいた。傍らにいた図工の教師が，「幼児期に直接体験や感情体験が少なかった歪みが出てきている。児童期の今からでも，心動かされる感動体験，熱中し創り出す表現活動を重ねる必要がある」と語った。

　また隣接する小学校の図工展に向けて，2年生と5歳児が，"お菓子の家"を作った。スライムのキャンディー，お手製の紙粘土でクッキーや団子づくりなど，全員で夢中になる表現活動となった。年間同じペアで活動するため，嬉しいことやがっかりしたことも共有され，意見がくい違うと我慢（自己調整）することもあった。本物に近づけようと試行錯誤し相談する姿も見られた。協同的な学びを全員で行った壮大な交流となった。

学びの連続性を考慮して

　遊びの中で学び発達する幼児期と，授業を通して学習を行うことで発達が見られる児童期の間には，教育方法に相違はある。しかし，生涯にわたる学びを見据えた時，幼小の滑らかな接続，互恵性のある交流は不可欠である。教育のそれぞれの役割を各自が責任をもって果たすことが，思いを感情豊かに表現できる子どもを育てることにつながると考える。

（赤木　公子）

2．円滑な幼小連携のために

5　図画工作科・音楽科・国語科における関連的な指導

関連的な指導とは

　関連的な指導とは各教科の特性を保ちながら相互の関連づけを図った指導であり，古くは戦前の奈良高等師範学校附属小学校主事・木下竹次が主張し，1921年（大正10年）頃から1940年（昭和15年）まで実践した「合科学習」にまで遡ることができる。

　また，教育学者の広岡亮蔵は「心身発達の未分化な低学年生にたいして，必要に応じて合科学習をとりいれることは，自然な成り行きであり，願わしいしだいである（傍点は原著）」（広岡1989）と指摘した。広岡の指摘は，幼小の接続を円滑にするための方策として，生活経験を重視した他教科との相互関連的な指導を行う立場を示したものであるといえる。

　平成元年告示の小学校学習指導要領からは第1・2学年に生活科が設置され，平成10年告示，20年告示の小学校学習指導要領・国語・音楽・図画工作の「指導計画の作成と内容の取扱い」には，「生活科などとの関連を積極的に図り，指導の効果を高めるようにすること。特に第1学年においては幼稚園教育における表現に関する内容などとの関連を考慮すること」（文部科学省『小学校学習指導要領解説　図画工作編』2008）と記述された。このあたりから生活科を主軸とし，幼稚園教育との連携を踏まえた相互関連的な指導を進める方向性が明確になったといえる。

　このような経緯により，とりわけ低学年の指導において生活科を軸とした関連的な指導が推進されることとなった。関連的な指導を実践する場合に留意すべきことは，年度はじめの段階で教科間の「横のつながり」を意図的・計画的に配置することが必要である。その場合は，地域や季節の特性も考慮に入れていきたい。

　ここでは，以下に音楽科・図画工作科・国語科における関連的な指導の実践事例を示すこととする。

各教科における関連的な指導

(1)図画工作科での実践事例
「お米をそだてよう」

　生活科において，食生活で身近な存在である米を育てる活動を行い，児童の手で収穫した後は脱穀等を経て餅つきを実施し，環境と食育の指導を行った。

　その後，図画工作科では田土（田の底から採取した粘土）と稲わらを素材とした粘土造形を行うことを提案した。児童は，それら素材で作品ができるのかどうか実感がない様子であったが，以下の手順で「お米をそだてている私」の人物表現を進めることとした。

・土の掘り起こしとふるい分け
・土の精製
・粘土による成形
・乾燥
・作品に稲わらを巻く
・かまで焼く

　生活科と図画工作科との関連的な指導による表現活動後には，児童から「わらを使ってこんなことができるなんて！」「土の力はす

ごいなぁ，と思いました」という感想が聞かれた。

児童が生活科学習において米を支える存在と認識していた土と，米の副産物と認識していたわらを焼成することによって，作品の表面に鮮やかな緋色の模様が生まれることの不思議さを実感していたことを読み取ることができる。

このような素材に対する児童の深い「気づき」は，学習活動の中に図画工作科と生活科という2つの視点をもって関連的な指導を行うことによって得られるものであるといえる。

(2) 音楽科での実践事例
　　「おまつりばやし」

小学校学習指導要領・音楽科の「内容の取扱いと指導上の配慮事項」においては，「各学年で取り上げる打楽器は，木琴，鉄琴，和楽器，諸外国に伝わる様々な楽器を含めて，演奏の効果，児童や学校の実態を考慮して選択すること」（文部科学省『小学校学習指導要領解説　音楽編』2017）と示されている。一方で，生活科では「地域に関わる活動」「季節や地域の行事に関わる活動」等（文部科学省『小学校学習指導要領解説　生活編』2017）の内容が示されているため，郷土の祭礼に関する音楽・和楽器等にふれる活動を生活科と音楽科との関連的な指導として展開することが可能である。

例えばCDプレーヤー等で聴く音楽と比較すると，和太鼓の音を直接聞くことは体全体で音の響きを感じることができる効果もある。また，和楽器の演奏者の動きに合わせて自分自身の体を動かしたり，リズムをとったりすることができることも直接的な体験によって得られる感覚である。

(3) 国語科での実践事例
　　「ようすをあらわすことば」

小学校学習指導要領・国語科の内容（第1学年及び第2学年）には，「紹介や説明，報告など伝えたいことを話したり，それらを聞いて声に出して確かめたり感想を述べたりする活動」（文部科学省『小学校学習指導要領解説　国語編』2017）という言語活動の例が示されている。生活科で小学校の校区に出かけて行う「まちたんけん」などの中でふれた地域や自然の様子，出会った人の印象を指導者や友達に伝える活動を国語科との関連的な学習として展開することが可能である。

その際，「魚やさんのおじさんがピチピチのアジを見せてくれた」「水やりをした後のミニトマトはキラキラッとしていた」のようなリズム感や豊かな響きをもったことばで口頭表現することを提案することも効果的な指導である。また，児童がこのような口頭表現を教室で発表した後に，互いの表現について振り返ったり話し合ったりすることも関連的な指導の効果を高める上で重要である。

生活科と国語科との関連的な指導を通して児童の言語的・音声的な感性をひらくためには，ことばがもつ表現の多様さ，楽しさ・美しさを実感できるような学習活動を展開していきたい。

　　　　　　　　　　　　（竹内　晋平）

※この節全体に，拙稿「図画工作科における生活科との関連的指導法の開発」『教育実践研究紀要』第10号，2010を参照した。

2．円滑な幼小連携のために

6 表現教育と学級経営

学級経営と自尊感情

近年の教育的課題である，不登校・いじめ等の問題の解決に向けた様々な教育的取り組みが多くの学校，学級において進められていることは周知の通りである。とりわけ学級は教師と児童によって組織された集団であり，学校教育を担う基礎的な単位でもある。学級は学習という目的のために構成されている。その学習効果が学級成員相互の人間関係によって高まり合うことが一定期間持続するためには，「自他のよさを認め合う」ことができるような適切な学級経営が学級担任に求められる。「自他のよさを認め合う」という自己肯定感が消失すると，児童の学習に対する意欲喪失につながるだけでなく，他者を尊重することが難しくなるということにつながると想定される。

学校教育の中で児童の内面に自尊感情を形成していくことは，学級の中に支持的風土が生まれ，望ましい学級経営を推進するための糸口となると考えられる。

図画工作科を通した自尊感情の形成

図画工作科は表現・鑑賞の活動を通して，創造的な技能の向上や鑑賞上の知識獲得だけを重視している教科ではなく，学習過程での学習者相互のかかわりによって，内面的な人間形成を図ることも教育目標に含んでいる。具体的には，学習場面において表現者である児童が，鑑賞者となる児童から作品を称賛されたり，作品について質問されたりすることで，自己の価値を認識することができる。児童相互の作品を鑑賞する学習活動において，称賛・質問を受けた児童が体験する，この学級成員からの受容的，好意的な処遇は，児童が成功経験を獲得する上で重要な要素となると考えられる。

このような「造形活動を通した成功経験の効果」は意外に見過ごされがちである。教科学習では，どの教科においても意図的，計画的に目標を設定し，系統性をもった指導を展開することが重要であることは，言うに及ばない。しかし，教科の目標を超えたその教科の本質に基づく教育的機能を活用し，児童の人間形成を図ることも必要である。学習指導と生活指導を分離して考えるのではなく，「派生する教育的効果をも取り込む」という視点をもった教科学習を展開することで，児童の内面的発達を促すことができると思われる。

表現教育の分野である図画工作科においては，前述の相互鑑賞による自尊感情形成の効果の他にも，仲間づくり・集団づくりにつながる要素が多く含まれている。例えば，小学校学習指導要領（図画工作）の「指導計画の作成と内容の取扱い」には，「適宜共同してつくりだす活動を取り上げるようにすること」（文部科学省『小学校学習指導要領解説 図画工作編』2017）と示されている。

表現教育を通して，児童相互に協力したりコミュニケーションしたりすることを通して，のぞましい人間関係を形成することができるといえる。

（竹内　晋平）

※この節全体に，拙稿「図画工作科を通した自尊感情の形成―表現と鑑賞を関連させた実践から―」『美術教育学』第28号，2007を参照した。

2．円滑な幼小連携のために

7 学びの系統性

系統性とは

　小学校における教科学習では，発達段階や学年ごとに段階的に配列された内容に沿って，系統的に学習を進める方法をとっており，これを系統学習，あるいは「学びの系統性」と呼んでいる。学習が終了した段階（小学校では6年生）で到達すべき学習水準が予め設定されているため，学習者に対して体系的に知識や技能を指導する方法としては効果的である。

　特に平成29年に告示された小学校学習指導要領では，この「学びの系統性」が重視されており，各教科の内容に顕著に現れている。

　以下に引用するのは，小学校学習指導要領（図画工作）の「A表現」・発想や構想に関する事項である。

〔第1学年及び第2学年〕
　イ　絵や立体，工作に表す活動を通して，感じたこと，想像したことから，表したいことを見付けることや，好きな形や色を選んだり，いろいろな形や色を考えたりしながら，どのように表すかについて考えること。
〔第3学年及び第4学年〕
　イ　絵や立体，工作に表す活動を通して，感じたこと，想像したこと，見たことから，表したいことを見付けることや，表したいことや用途などを考え，形や色，材料などを生かしながら，どのように表すかについて考えること。
〔第5学年及び第6学年〕
　イ　絵や立体，工作に表す活動を通して，感じたこと，想像したこと，見たこと，伝え合いたいことから，表したいことを見付けることや，形や色，材料の特徴，構成の美しさなどの感じ，用途などを考えながら，どのように主題を表すかについて考えること。

（文部科学省『小学校学習指導要領解説　図画工作編』2017）

　この内容からも学年進行に沿って学習内容の水準が段階的に追加される構成となっていることがわかる。

　このように前の段階で学んだ内容を活用して，その後の段階での学習が積み上がっていくという方針が，小学校におけるすべての教科指導に色濃く表れている。「学びの系統性」は本書の主題である「感性をひらく表現教育」を児童期（小学校段階）において展開する上でも考慮されなければならない。

幼小連携の必要性

　幼稚園教育要領においては「遊びを通しての指導を中心として」（文部科学省『幼稚園教育要領解説』2018）という文言で幼児教育の方針が示され，保育所保育指針では「特に，乳幼児期にふさわしい体験が得られるように，生活や遊びを通して総合的に保育すること」（厚生労働省『保育所保育指針解説』2018）という文言で示されている。

　これは前述のように「学びの系統性」を重視している小学校教育に対して，幼児教育は生活経験や幼児の主体性，そして環境や遊び性を重視したものであると言える。幼小連携を効果的なものにするためには，このような両者の相違を相互に理解する必要がある。

　幼児教育・保育と小学校教育，それぞれの役割と特性を生かし，子どもへの指導が幼児期から児童期へと円滑に連続していくことが求められている。

（竹内　晋平）

〈資料〉保育指導案の書き方と実例

〈教育実習における指導案作成の留意点〉

　指導案に定型というものはなく，園の環境や子どもの状態，保育計画に合わせて，よりふさわしい形式を工夫しなければならない。ただし，以下の2点は踏まえておく必要がある。

◆対象児の発達段階：その年齢の発達の特徴を知り，興味・関心の方向や質，できることを確認する。
◆季節：季節感とともに，クラス全体の月齢の把握が大切である。

※右頁の指導案例を参照

（1）題材名：重点的に行われる活動を子どもの立場で端的に表す。
（2）ねらい：設定保育の目的，目標を書く
　　●日々の保育の「ねらい」は年間計画や月案や週案の「ねらい」に沿うものであること。
　　●シンプルに，重要なねらいから順番に2～3点あげる。
　　　①子どもに育てていきたい心情・意欲・態度
　　　②育てたい感覚，感性（領域「表現」の場合）
　　　③具体的技能など
（3）内　容：「ねらい」を達成するために子ども達が体験する具体的活動を簡潔に書く。
　　●子どもの様子から，子どもが今何に興味をもち何ができるか（現在どのような遊びをしたり，歌を歌っているか，絵本を読んでいるか）を考え，指導教員と相談する。
（4）時　間：導入，展開，まとめの流れの目安となる時間を，活動の変わり目（大項目◎）に合わせる。
（5）環境構成：子どもの主活動を支える人的，物的環境（豊かな発想や効果的な活動を促す工夫）を図や文章で示す。
　　●人的環境—　保育者の位置，子どもの位置
　　●物的環境—　①場：保育室，園庭，テラス，ホールなど
　　　　　　　　②設備：机，椅子，ピアノ，遊具などの位置
　　　　　　　　③資料：絵本，事物，参考資料（掛図等の教材），参考作品
　　　　　　　　④配置：素材・用具・楽器などの数量，出すタイミング
（6）予想される子どもの活動：子どもが具体的に行う活動を，子どもの立場で書く。
　　●導入部・展開部・まとめの3部で構成する。
　　　それぞれに　大項目（◎）　と　小項目（・）　に分けて記入する。
（7）保育者の援助・留意点：保育を展開，指導する上での配慮や留意点を保育者の立場で書く。
　　●「予想される子どもの活動」と「保育者の援助」はできるだけ項目を対応させて書く。
　　●強制的な表現は使用しない。援助や言葉かけは具体的に書く。
（8）評価と課題：実践の後，導入・展開・まとめに照らして振り返り，気づきや反省を整理して書く。
　　●担任から助言や指導を受けているのであれば，必ずその指導を踏まえた自分自身の反省を書く。
　　●今後，特に身につけたい力は何か，課題を書く。

《保育指導案例（本時案）》

6月14日（火）	4歳児 組	対象児数29名 男児14名 女児15名	実習生 氏名	※ ※ ※ ※ 印

- 題材名：「[ぽたぽた]はなんの音？」
- 内容：梅雨の季節。雨水の音に関心をもち、雨（水）の音の違いを見つけて楽しむ。
- ねらい：
  ①水の音に関心をもち、音の違いを楽しむ。
  ②素材の違いや形からくる音の変化を見つける。
  ③友達と一緒に雨の日の「音見つけ」の活動に期待をもつ。

時間	環境構成	予想される子どもの活動	保育者の援助・留意点
導入 10：00	・保育室の中央にビニールシートを敷いておく。 ・ボール、鍋、バケツ、ガラス容器としょうろ（如雨露）に水を入れたものと、音の違いを見るためにバケツ以外に捨てる水用のバケツ一つを用意しておく。	・自由なあそびから集まり、指示によって保育者の前に座って保育者の話を聞く。 ・絵本『あめぽぽぽ』（ひがしなおこ作、くもん出版）をみる。 ・「ぼくも黄色いかさだよ」「おだんごみたい」「ぽぽぽん」「ぽぽぽん」などと、お話のなかに入っていく。 ・元気よく手を挙げて「ぽとん」「ぽたぽた」「ぽたぽた」などと口々に答える。	◎保育者の話を聞く ・「毎日よく雨が降るね。先生にとってもステキな雨の絵本を見つけましたよ。今からみんなで一緒にみましょう。」 ・様々な擬音のリズムの違いが感じられるように、また雨の日の美しさが感じとれるように読む。 ・始まりの「ぴとぴとぴと」のほかに、どんな音があったかなあ？と絵本の音を振り返る。
展開 10：15		・水の音クイズを楽しむ。 ・ワイワイ言いながら、何をするのだろうと興味深そうにシートの両側の座っていく。 ・「お鍋で何するの」などと問いかけてくる。	・中央に敷いているビニールシートの両側に2グループに分かれて座るように言う。 ・絵本では雨のいろいろな音が聴こえていたけど、今からみんなで水の音のクイズをして遊びませんか？と提案する。 ・素早く、用意していた道具（ボール、鍋、バケツ、ガラスの器）をシートの上に並べ、しょうろを上に用意する。
		・各々に「ボール！ガラス瓶！」などと答える。 ・さわさわと話をしている。	・「さあ、先生が並べたものは何かなあ」と問いかける。「これから4つの器に、しょうろで水を落とすとします。一体どんな音がするでしょう。よーく耳を落ちすんで聴いてね」と期待をもたせる。 ・「しーっ、お水の音はとっても小さいの。お話したら聴こえないのよ」と注意を促す。
		・目を閉じて、じょうろから流れた水が容器にあたって響く音を聴いている。 ・「じじじー」「ぴしょぴしょ」「じじじじ」などと聴こえた音の印象を擬音を表現する。	・「では、目をつぶって聴きましょう」と言いながら、4つの器に一つずつ水を流し、のどの音だったか確認する。音の確認する。器の水を全て終わったら、「捨てて水用バケツに水を捨てる。
			・子どもたちの様子を見て、集中できそうなら、2グループに交互に目を閉じて音のクイズをしてあげる。
まとめ 10：25		◎雨の外活動に期待をもつ。 ・あの音が聴こえるところはどこだろうなと口々に言う。	・「水が落ちる器で、音がいろいろ変わったね。雨の水も落ちるところがコンクリートだったり葉っぱの上だったり、滑り台だったり、水たまりだったり。どんな音がしているのでしょう。今度みんなで探しに行きましょう」と次の雨の日の活動に期待をもたせる。
評価と課題			

〈資料〉参考文献一覧

第1章

文部科学省初等中等教育局児童生徒課「平成21年度 児童生徒の問題行動等生徒指導の諸問題に関する諸問題に関する調査」2009

文部科学省コミュニケーション教育推進会議審議経過報告「子どもたちのコミュニケーション能力を育むために～「話し合う・創る・表現する」ワークショップへの取組～」2011

文部科学省『幼稚園教育要領解説』2009

日本認知心理学会監修／三浦佳世編『現代の認知心理学1 知覚と感性』北大路書房，2010

『新版 心理学事典』平凡社，1989

東洋・繁多進・田島信元編『発達心理学ハンドブック』福村出版，1992

野口薫編『美と感性の心理学―ゲシュタルト知覚の新しい地平―』日本大学文理学部，2007

三浦佳世『知覚と感性の心理学』岩波書店，2007

三浦佳世「美術・造形の心理―感性の情報処理」子安増生編『芸術心理学のあたらしいかたち』誠信書房，2005

第2章

中村雄二郎『感性の覚醒』岩波書店，1975

寺内定夫『感性があぶない』毎日新聞社，1989

片岡徳雄『子どもの感性を育む』日本放送出版協会，1990

奥田真丈・河野重男・有園格編『教育改革の基本視座 学習社会と学校革新』教育出版，1985

日本教育方法学会編『新教育課程と人間的感性の育成』明治図書，1989

ウィリアム・ボイド著／中野善達・藤井聡尚・茂木俊彦訳『感覚教育の系譜 ロックからモンテッソーリへ』日本文化科学社，1979

津田道夫『障害者教育の歴史的成立 ルソー・イタール・セガン・モンテッソーリ』三一書房，1982

精神薄弱問題史研究会編『人物でつづる障害者教育史』日本文化科学社，1988

小原國芳・荘司雅子『フレーベル全集第5巻 続幼稚園教育学 母の歌と愛撫の歌』玉川大学出版，1981

ルソー著／今野一雄訳『エミール（上）』（第54刷）岩波書店，1994

秋葉英則『エミールを読みとく』清風堂書店出版部，2005

Maria Montessori/Prof. Dr.Berthold Michel『Grundlagen meiner Pädagogik』QUELLE&MEYER, 2005 9. Auflage

MariaMontessori/Prof. Dr.PaulOswald, Prof. Dr. GünterSchulz-Benesch『Das Kreative Kind』HERDER, 2007 17. Auflage

Maria Montessori/Prof. Dr.Ingeborg Waldschmidt『Kinder sind anders』KLETT-COTTA, 2009 14. Auflage

Paul Oswald, Günter Schulz-Benesch『Grundgedanken der Montessori-Pädagogil』HERDER, 2006 20. Auflagen

ルドルフ・シュタイナー著／高橋巌訳『シュタイナーコレクション1 子どもの教育』（第4版）筑摩書房，2007

Rudolf Steiner『Anthropophische Gemeinschaftsbildung』Dornach/Schweiz, 1974

ルドルフ・シュタイナー著／高橋巌訳『シュタイナーコレクション7 芸術の贈り物』（第2版）筑摩書房，2007

ルドルフ・シュタイナー著／高橋巌訳『オイリュトミー芸術』（第3版）イザラ書房，1983

ルドルフ・シュタイナー著／松山由紀訳『見える歌としてのオイリュトミー』涼風書林，2009

NPO法人京田辺シュタイナー学校編著『小学生と思春期のためのシュタイナー教育』学習研究社，2006

エミール・ジャック＝ダルクローズ著／板野平訳『リズムと音楽と教育』全音楽譜出版社，1975

フランク・マルタン著／板野平訳『エミール・ジャック＝ダルクローズ』全音楽譜出版社，1998

エリザベス・バンドゥレスパー著／石丸由理訳『ダルクローズのリトミック』ドレミ楽譜出版社，2002

福嶋省吾「日本におけるリトミック教育の歴史的概観」『日本ダルクローズ音楽教育学会創立30周年記念論文集 リトミック研究の現在』開成出版，2003

カール・オルフ著／属啓成訳『カール・オルフ博士を迎えて こどもはリズムに生きる（こどものための音楽）講演と演奏，指導』NHK出版，1962

ゲルトルート・オルフ著／丸山忠璋訳『オルフ＝ムジークテラピー 活動的音楽療法による発達援助』明治図書，1992

柴田礼子「オルフ研究所 レーグナー教授にきく」『季刊音楽教育研究』63，音楽之友社，1990

新井真帆「日本におけるカール・オルフの音楽教育の展望―その現代的意義と方向性を探る」『武蔵野音楽大学研究紀要』（24），1992

山田勝美『漢字の語源』角川書店，1975

上田万年・岡田正之・飯島忠夫・栄田猛猪・飯田伝一編『新大字典』講談社，1993

増井金典『日本語源広辞典』ミネルヴァ書房，2010

R.マリー・シェーファー／鳥越けい子ほか訳『世界の調律 サウンドスケープとはなにか』平凡社，2006

鳥越けい子『サウンドスケープ その思想と実践』鹿島出版会，1997

山岸美穂・山岸健『音の風景とは何か サウンドスケープの社会誌』日本放送出版協会，1999

岡本康明（企画・編集）／清水穣・鈴木幹雄・金子宜正・本村健太・岡本康明・向井周太郎著「ヨハネス・イッテン 造形芸術への道 論文集」宇都宮美術館，2005

《図版出典》Bauhaus building in Dessau, Germany, designed by Walter Gropius.

ギリアン・ネイラー著／利光功訳『バウハウス』Parco出版局，1977

阿部公正監修『世界デザイン史』美術出版社，1995

長谷川章『世紀末の都市と身体―芸術と空間あるいはユートピアの彼方へ』ブリュッケ，2000

石崎和宏『フランツ・チゼックの美術教育論とその方法に関する研究』建帛社，1992

W・ヴィオラ著／久保貞次郎ほか訳『チィゼックの美術教育』黎明書房，1983

C・エドワーズほか編・佐藤学ほか訳『子どもたちの100の言葉』世織書房，2001

佐藤学監修『驚くべき学びの世界　レッジョ・エミリアの幼児教育』ACCESS，2011

第3章

デビッド・L．ガラヒュー著／杉原隆訳『幼少年期の体育　発達的視点からのアプローチ』大修館書店，1999

岡本夏木『ことばと発達』岩波新書，1985

遠藤利彦・佐久間路子・徳田治子・野田淳子『乳幼児のこころ　子育ち・子育ての発達心理学』有斐閣アルマ，2011

レイ・ジャッケンドフ著／水光雅則訳『心のパターン―言語の認知科学入門―』岩波書店，2004

田中昌人・田中杉恵『子どもの発達と診断1　乳児期前半』大月書店，1981

田中昌人・田中杉恵『子どもの発達と診断2　乳児期後半』大月書店，1982

田中昌人・田中杉恵『子どもの発達と診断3　幼児期Ⅰ』大月書店，1984

田中昌人・田中杉恵『子どもの発達と診断4　幼児期Ⅱ』大月書店，1986

田中昌人・田中杉恵『子どもの発達と診断5　幼児期Ⅲ』大月書店，1988

中村和夫『ヴィゴツキーに学ぶ子どもの想像と人格の発達』福村出版，2010

スティーヴン・ミズン『歌うネアンデルタール　音楽と言語から見るヒトの進化』早川書房，2006

マイケル・コーバリス著／大久保街亜訳『言葉は身振りから進化した　進化心理学が探る言語の起源』勁草書房，2008

クリストファー・スモール著／野澤豊一ほか訳『ミュージッキング　音楽は〈行為〉である』水声社，2011

渡辺富夫「身体的コミュニケーションにおける引き込みと身体性」『ベビーサイエンス』2002．vol.2，日本赤ちゃん学会

小泉文夫編『わらべうたの研究（下巻研究編）』わらべうたの研究刊行会，1969

志村洋子「幼稚園・保育所における保育室内の音響環境（1）」『日本保育学会大会研究論文集』(49) 1996

ヘルムート・モーク著／石井信生訳『就学前の子どもの音楽体験』大学教育出版，2002

ドロシー・T．マクドナルド＆ジェーン・M．サイモンズ著／神原雅之ほか訳『音楽的成長と発達』渓水社，1999

遠藤晶「幼児の手あそびにおけるパフォーマンスの年齢による変化」『発達心理学研究』第9巻第1号，1998

江尻桂子『乳児における音声発達の基礎過程』風間書房，2000

林健造『幼児造形教育論―三系論を中心として―』建帛社，1987

V．ローウェンフェルド著／竹内清ほか訳『美術による人間形成』黎明書房，1963

H．リード著／宮脇理ほか訳『芸術による教育』フィルムアート社，2001

G.H．リュケ著／須賀哲夫訳『子どもの絵』金子書房，1979

R．ケロッグ著／深田尚彦訳『児童画の発達過程―なぐり描きからピクチュアへ―』黎明書房，1971

関衛『普通教育に於ける芸術的陶冶』同文館，1921

林部伝七『美術教育の基礎原理　テストとその指導』学芸図書，1965

第4章

文部科学省『幼稚園教育要領解説』2009

平田智久「幼稚園教育要領改訂のポイント―領域・表現」無藤隆・柴崎正行編『新幼稚園教育要領・新保育所保育指針のすべて』ミネルヴァ書房，2009

井戸秀「領域「表現」」日本音楽教育学会編『日本音楽教育事典』音楽之友社，2004

ベネッセ次世代育成研究所編　「特集　幼稚園教育要領改訂のポイント」『これからの幼児教育を考える』ベネッセコーポレーション，2008

文部科学省『幼稚園教育要領　平成20年告示』2008

厚生労働省『保育所保育指針　平成20年告示』2008

第5章

《図版出典》クロード・モネ，Westminster Parlement（ワシントンナショナルギャラリー所蔵）

A.v．フォイエルバッハ著／中野善達・生和秀敏訳『野生児の記録3　カスパー・ハウザー』福村出版，1977

高階秀爾『芸術空間の系譜』鹿島出版会，1967

黒田正巳『透視画　歴史と科学と芸術』美術出版社，1965

金子隆芳『色彩の科学』岩波書店，1988

本明寛（日本語版監修）『カラーウォッチング　色彩のすべて』小学館，1982

鴻上尚史著『発声と身体のレッスン』白水社，2002

Günter Habermann『Stimme und Sprach』Thieme 2003 4. Auflage

Margot Scheufele-Osenberg『Die Atemschule』SCHOTT 2005 4. Auflage

切替一郎・沢島政行「声の生理」岩淵悦太郎ほか著『ことばの誕生―うぶ声から五才まで』日本放送出版協会，1968

坂井康子・林良子「発声の遠近感覚に関する一考察」『甲南女子大学研究紀要人間科学編』(46) 2009

星野圭朗・井口太編『子どものための音楽』日本ショット，1984

高橋寛・田中ふみ子『人間オーケストラ―体は楽器だ！』いかだ社，2002
R.マリー・シェーファー著／鳥越けい子・若尾裕ほか訳『サウンド・エデュケーション』春秋社，2009
花篤實監修／永守基樹・清原知二編『幼児造形教育の基礎知識』建帛社，1999
林剛・鈴木俊宏監修『Method STAGE-A　美術教育の実践記録』京都インターアクト美術学校，2004（※）
※上掲書に示される考え方と経験は，鷹木の授業実践の大きな礎となり，このことが本書の執筆につながっている。また p73 の写真下（撮影：鈴木俊宏）は上掲書より転載。
Cornelius L.Reid『Funktionale Stimmentwicklung』SCHOTT 2005 3. Suflage
藤野良孝『スポーツオノマトペ』小学館，2008
Albert Mehrabian『SILENT MESSAGES』WADSAORTH,1971
繁下和雄・日本音響学会編著『音のふしぎ百科1』樹立社，2002
文部科学省『小学校学習指導要領解説　音楽編』2008
金田一春彦・林大・柴田武編『日本語百科大事典』大修館書店，1995
筧寿雄・田守育啓編『オノマトピア　擬音語・擬態語の楽園』勁草書房，1993
田守育啓『オノマトペ　擬音・擬態語を楽しむ』岩波書店，2002
内田伸子『幼児心理学への招待　子どもの世界づくり』サイエンス社，1989
柴田礼子『子どものためのたのしい音遊び　伝え合い，表現する力を育む』音楽之友社，2009，pp.38-40
ジュニア・ブラック，ステファン・ムーア著／神原雅之ほか訳『リズム・インサイド』西日本法規出版，2002
ヴァージニア・ホッジ・ミード著／神原雅之ほか訳『ダルクローズアプローチによる子どものための音楽授業』ふくろう出版，2006
エルザ・ファンドレイ『ダルクローズリトミックによるリズムの動き』サミーミュージック株式会社，1988
松山祐士編『50・60年代オールディーズ名曲全集』ドレミ楽譜出版，2010
R.マリー・シェーファー『音さがしの本　リトル・サウンド・エデュケーション』春秋社，1996
山口真美・金沢創『赤ちゃんの視覚と心の発達』東京大学出版会，2008
マヤ・レックス，グラツィエラ・パディリア『エレメンタリーダンス　基礎から表現の動きの指導』大修館書店，2000
宮脇理監修『美術家教育の基礎知識（三訂版）』建帛社，2004
福のり子「鑑賞者なくしてアートは存在しない！」『アート・リテラシー入門　自分の言葉でアートを語る』フィルムアート社，2004
《図版出典》京都国立近代美術館編『京都国立近代美術館所蔵名品集［洋画］』光村推古書院，2004
《図版出典》京都国立近代美術館編『ヨハネス・イッテン　造形芸術への道』京都国立近代美術館，2003

篠原資明『五感の芸術論』未来社，1995
《図版出典》京都市立芸術大学美術教育研究会編『美術資料』秀学社

第6章

中央教育審議会答申『子どもの最善の利益のために幼児教育を考える』2005
小田豊・森眞理編『子どもの発達と文化のかかわり』光生館，2007
文部科学省『幼稚園教育要領　平成20年告示』2008
平田智久・小林紀子・砂上史子編『最新保育講座11　保育内容「表現」』ミネルヴァ書房，2010
仙田満『子どもとあそび』岩波書店，1992
宝塚市立西山幼稚園『研究のあゆみ』（平成20・21・22年度　宝塚市教育委員会指定　保育研究発表会）2010

第7章

文部科学省『幼稚園教育指導資料第3集　幼児理解と評価』，2010
神戸大学付属幼稚園「平成22〜24年度　文部科学省研究開発学校指定（第三年次）幼小をつなぐ幼児期のカリキュラム『神戸大学付属幼稚園プラン』の創造〜10の方向・40の道筋で幼児教育を可視化する〜」『幼稚園研究紀要』36，2012
厚生労働省『保育所における自己評価ガイドライン』2009
兵庫県教育委員会『指導の手引き　人とのかかわりを豊かにする教育の推進』（平成21・22年度）2010
文部科学省『幼稚園教育要領　平成20年告示』2008
広岡亮蔵「合科的指導と総合的な学習能力―基礎学力との関連で―」『現代教育科学』第279号，明治図書，1980

執筆者一覧

〈編著者〉

山野　てるひ	京都女子大学
岡林　典子	京都女子大学
鷹木　朗	京都教育大学・京都女子大学

〈執筆者〉

赤木　公子	梅花女子大学（前宝塚市立西山幼稚園長）
ガハプカ奈美	京都女子大学
坂井　康子	甲南女子大学
白石　肇	兵庫教育大学附属幼稚園（元宝塚市立西山幼稚園）
竹内　晋平	奈良教育大学
平井　恭子	京都教育大学
矢野　真	京都女子大学

謝辞

本書の第6章及び第7章の実践研究については，現在も宝塚市立西山幼稚園の教職員の方々，園児の皆さんにご協力をいただいております。ここに深く感謝の意を表します。

　　宝塚市立西山幼稚園長　　三野義治先生
　　　　　　　　　　副園長　米本美千代先生
　　　　　　　　　　　　　　足立優美子先生
　　　　　　　　　　　　　　大森千江先生
　　　　　　　　　　　　　　笹井優子先生
　　　　　　　　　　　　　　志垣江美先生
　　　　　　　　　　　　　　松林由美子先生

最後に，明治図書の木村悠氏には企画の時点から完成までの長期間に渡り，辛抱強く見守り支えてくださいましたこと，心より深く感謝の意を表します。

※本書は，日本学術振興会科学研究費補助金による基盤研究（C）「保育士・教員養成課程における幼保小連携を踏まえた表現教育カリキュラムの開発」（課題番号：23531270，研究代表者　山野てるひ）の一部である。

【編著者紹介】

山野　てるひ（やまの　てるひ）
神戸大学大学院教育学研究科美術科教育修士課程修了。
現在：京都女子大学発達教育学部教育学科教授
著作：『幼児の造形ワークショップ2　立体造形・造形あそび編』編著，明治図書（2004），『幼児の造形ニューヒット教材集1』編集，明治図書（2012），『子どもの心に語りかける表現教育』共著，あいり書房（2012），『DVDでわかる！乳幼児の造形』共著，サクラクレパス出版部（2016），『日本の教育をどうデザインするか』共著，東信堂（2016）他

岡林　典子（おかばやし　のりこ）
神戸大学大学院総合人間科学研究科修了。博士（学術）。
現在：京都女子大学発達教育学部児童学科教授
著作：『乳幼児の音楽的成長の過程－話し言葉・運動動作の発達との関わりを中心に－』風間書房（2010），『コードでかんたん！こどものうたマイ・レパートリー』編著，YAMAHA（2008），「感性を育む表現教育のプログラム開発－『楽曲を描く』課題を中心に」『京都女子大学　発達教育学部紀要』（2012）他

鷹木　朗（たかぎ　あきら）
京都市立芸術大学大学院修士課程（油画）修了。画家。
現在：京都造形芸術大学芸術教育資格支援センター教授
著作：『美術教育の実践記録　DOCUMENTS STAGE-B/C』共著，京都インターアクト美術学校（2008），「"絵画"という出来事について」『大学美術教育学会誌』第45号（2013）
「造形表現活動における映像記録の試みについて」『保育実践研究』第14号，華頂短期大学幼児教育学科（2013）他

〔イラスト〕　おにぎり企画　丸川真理子
　　　　　　　松井美沙枝

感性をひらいて保育力アップ！
「表現」エクササイズ＆なるほど基礎知識

2013年5月初版第1刷刊	©編著者　山野てるひ・岡林典子・鷹木朗
2015年10月初版第3刷刊	発行者　藤　原　久　雄
2017年4月2版第1刷刊	発行所　明治図書出版株式会社
2018年10月3版第1刷刊	http://www.meijitosho.co.jp
2022年9月3版第4刷刊	（企画）木村　悠　（校正）杉浦美南

〒114-0023　東京都北区滝野川7-46-1
振替00160-5-151318　電話03(5907)6702
ご注文窓口　電話03(5907)6668

＊検印省略　　　組版所　藤原印刷株式会社

本書の無断コピーは，著作権・出版権にふれます。ご注意ください。

Printed in Japan
ISBN978-4-18-059116-9
JASRAC　出　1301543-208